IE GEI HAIZI KAN DE ZHONGGUOSHI

写给孩子看的中国史

五代十国——混乱的中华大地

WUDAISHIGUO HUNLUAN DE ZHONGHUA DADI

吕长青／主编
江乐兴／编写

北京工业大学出版社

前言

五代十国是我国古代非常特殊的一个历史时期，是一个混乱无序的年代。

自唐末黄巢起义之后，由于政治的腐败，藩镇的割据，各大实力强大的节度使都不再听从朝廷的调遣。曾经参加过黄巢起义的朱温通过接连的战争，成为当时实力最强的一方。后来朱温在汴州称帝建立后梁，曾经鼎盛的大唐就此结束，同时，揭开了五代混乱的序幕。与此同时，许多地方纷纷自立建国，这样的小国多达十余个，后世史学家将其并称为十国，北方的契丹人也虎视眈眈，中国大地陷入了前所未有的混乱当中。

朱温称帝之后开始变得骄奢淫逸，后梁的国力逐渐下降。之后梁国内乱，朱温被刺。到朱友贞（后改名朱瑱）继承帝位之时，河东李克用的儿子李存勖带兵攻入后梁的都城汴州，灭了后梁，建立后唐。后唐的政权同样没能持续多久，便被历史上遗臭万年的“儿皇帝”石敬瑭建立的后晋所取代。可惜后晋二代而亡，刘知远起兵建立了后汉。后汉更是一个短命王朝，仅仅存在四年，便被郭威所灭，后周就此建立。刘知远的哥哥刘崇大约在同一时间建立了又一个大汉政权，史称北汉。

后周是五代历史中国力最强，疆域范围最广的国家，原本有着统一各国的实力，但一代雄主柴荣英年早逝，留下幼子无力治理国家，最终被赵匡胤建立的大宋所取代，五代历史到此结束。

与中原地区历经五代相比，南方则更加混乱，前蜀、后蜀、吴、南唐、吴越、闽、楚、南汉、南平先后建立，再加上北方刘崇建立的北汉并称十国，最终都被大宋所灭。大宋基本上统一了各国，结束了五十多年的混乱局面。

本书以时间为线索，按照先五代后十国的顺序，介绍五代十国主要国家的建立与灭亡，中间穿插着各国重要人物的介绍，让读者能够对五代十国的历史有粗略的认识，中间穿插有标志性事件的介绍，帮助读者更加详细地了解承唐启宋的五代十国。

目录

流氓当了皇帝

黄巢起义时，黄巢手下有一个叫作朱温的大将投降了大唐，最后还配合李克用镇压了黄巢起义。朱温因为镇压黄巢起义立了大功，被封为东平王。朱温这个人对于唐朝的影响非常之大，因为他就是最后灭亡唐朝的人。

朱温出生在砀山的一个贫苦的家庭中，他的祖父、父亲都是乡下的教书先生，家中并无什么财产，而且朱温还有两个哥哥。本来靠着父亲的教书的收入也能生活下去，乡邻之间对朱温一家也还算不错。但不幸的是，朱温的父亲很早便死了，于是朱温的母亲便带着弟兄三人到萧县地主刘崇的家里做工。由于父亲早亡，朱温又是兄弟中最小的一个，母亲、

黄巢登基图

哥哥都很爱护他，因此他养成了好吃懒做的习惯。又因为经常与村中的泼皮无赖们一起玩耍，逐渐学会了小偷小摸。刘崇很讨厌朱温，经常因为朱温不好好做工而打骂他。朱温不爱干田里的农活，却对打猎、射箭非常有兴趣，经常与二哥朱存外出打猎，骑射技术很是精湛。

晚唐时期的敦煌壁画

这便是朱温的童年生活了，可以看出，因为家境以及父亲早亡的原因，朱温从小便有着流氓的习气，骨子当中有着一丝狠劲。随着朱温一天天长大，越来越觉得生活过于无聊。直到王仙芝与黄巢起义的消息传来，朱温认为应该趁着年轻出去闯荡一番，是生是死都应该轰轰烈烈，不应当默默无闻地死在老家。于是朱温与有着同样想法的二哥朱存北上投奔了起义军，在黄巢的手下当兵。入了黄巢帐下的朱温靠着狠劲与机灵屡立战功，很快便得到黄巢的重用。不幸的是，朱温的二哥朱存在一次战斗中身亡。

后来黄巢攻入长安，建立大齐，派朱温去守长安城的东线。不久之后，唐僖宗派兵攻打长安，朱温见唐军势大，认为黄巢气数已尽，且大齐中尉孟楷暗中挑拨，黄巢不派兵支援自己，于是听从手下谋士谢瞳的建议投降唐军。唐僖宗非常高兴，赐名朱全忠，不久后封他

反映 10 世纪左右寺庙盛况的壁画

为汴州刺史，但朱温必须赶走黄巢，收复长安之后才能上任。朱温狠下心来召集部下与唐军一起攻入长安，黄巢见势不妙于是退出了长安。长安收复，朱温便去汴州做他的刺史。

朱温在汴州大肆招兵买马，扩充自己的势力，以图能在汴州这个地方站稳脚跟，朱温这样做是因为汴州周围几大节度使的兵力都在他之上，而且朱温作为降将地位上本就低人一等。黄巢退出长安之后，虽然实力稍有削弱，但仍然是朝廷的心腹大患，朱温更是希望能够铲除黄巢，因为他知道黄巢不会放过他这个叛徒，因此与河东节度使李克用等人继续追剿黄巢，最终在山东将黄巢军的主力剿灭，朱温总算稍稍安心。但在打败黄巢之后，朱温又给自己结下一个死敌——李克用。

原来，在打败黄巢的军队之后，朱温邀请李克用到汴州休整，大概是想要拉近关系，但是在酒宴期间，李克用喝醉后说了一些不中听的话，这激怒了朱温。而朱温的谋臣也趁机建议朱温杀掉李克用，因为李克用作战勇猛，若是将来成为朱温的敌人可能会给朱温带来大麻烦，不如先下手为强。朱温听从了这个建议，趁着李克用喝醉的机会派兵攻入李克用休息的院子，并放了一把大火，打算烧死李克用。没想到李克用命不该绝，此时突然天降大雨，大火被浇灭，李克用带着手下趁机逃出。由于是大雨天气，电闪雷鸣，天黑路滑，朱温的手下追了一路之后还是让李克用跑了。

李克用回到河东之后本来打算发兵攻打朱温，但最终还是忍了下来，将此事上报了朝廷。此时的唐朝已经江河日下，没有盛唐之时的威严，加上还要指望朱温平定叛乱，最终用划给李克用几个州地盘的方式将此事不了了之，但李克用与朱温二人却因此结成了死敌。

彩绘载物跪起驼

朱温在汴州也站稳了脚跟，几年之后势力越来越大，大唐皇帝为了安抚朱温，又封他为梁王。随着势力的膨胀，一个梁王已经不能够满足朱温的胃口。朱温此时已经开始有了自己登上皇帝宝座的想法。但朱温知道以自己现在的实力并没有把握一举成功，所以一直在等待机会。

朱温被封为梁王之后的第

后梁石雕贴金佛像

三年，西京长安之内发生了一件大事。这个时候，朱温就知道自己一直苦苦等待的机会来了。这件大事是什么呢？原来是唐昭宗身边一个叫韩全诲的宦官，突然把皇帝劫持到了凤翔，宰相崔胤下令朱温救驾。

听说皇帝被韩全诲挟持到了凤翔，朱温率兵包围了凤翔城。朱温人多势众，粮草充足，包围凤翔城之后围而不攻，将凤翔城一直围困了一年多。凤翔城内粮草被耗尽，凤翔节度使李茂贞守不下去了，和唐昭宗商量了一下，把给自己带来厄运的韩全诲这些宦官一共七十多人全部诛杀，把首级送到了朱温手上，又将皇帝唐昭宗送到了朱温的手上，和朱温达成了和解。

朱温对李茂贞并没有赶尽杀绝的意思，带着唐昭宗回到了长安。到了长安之后，朱温对宦官深恶痛绝，又杀了几百个宦官，并且废除了皇帝的禁军“神策军”，完全控制了皇室。紧接着又随便找了个借口，杀了宰相崔胤，逼迫唐昭宗迁都洛阳。迁都洛阳之后，朱温又杀了唐昭宗，把唐昭宗的儿子李柷立为新任皇帝，篡位自立的野心已尽人皆知。新皇帝上任的第二年，朱温又杀了三十多朝廷大臣。

白马之祸

朱温在亲信李振的鼓动下，在白马驿杀死了朝廷大臣三十余人，杀死后又把尸体扔进河中，史称白马之祸。

在这之后的第三年（907 年），朱温觉得时机成熟，已经到了自己登上皇帝宝座的时候，于是废掉皇帝，并诛杀在洛阳的皇室一族，建立大梁，定都洛阳。因为历史上已经有一个梁朝，所以朱温建立的大梁，被后人们称为后梁。

朱温终于如愿以偿当了皇帝，称帝之后的朱温对于唐朝的一些制度进行了改革，非常

毁于唐末的大明宫含元殿遗址

重视农业，号召梁国境内的各州县消灭虫害，同时命令将领们不得干预州县的行政，并对于扰民的士兵将领严惩不贷，保证了地方上的安定。在军事上，朱温采用的是非常极端的“跋队斩”，一定程度上保证了军队的战斗力。总的来说，朱温的一些政策使中原地区恢复了安定，农业经济得到了一定的发展。

跋队斩

跋队斩是朱温创立的军队连坐制度，规定若是主将在战斗中战死，那么士兵将会一个不留全部杀死，虽然这一制度造成了不少的逃兵，但同时也激发了士兵们的死战心理，从而使士兵的战斗力大大提升。

但在其他方面朱温却又暴露他的流氓本性来，他本人非常多疑而且嗜杀，对于跟随自己多年的部下，很多次仅仅因为一点点的怀疑便杀了，同时他还强抢民女纳入后宫，非常荒淫，历史上对他的评价很差。

朱温

想想·说说

朱温是通过篡位登上的皇帝宝座，这一行为能不能得到百姓官员的支持呢？

历史上最早的十三太保

说到十三太保，很多人会联想到蒋介石，因为当年蒋介石手下就有这样一支十三人的特务组织，被称作“十三太保”。很多人认为这是蒋介石首创，其实并非如此，早在五代十国时期，就已经有了十三太保，那就是河东节度使晋王李克用的手下，分别是大太保李嗣源、二太保李嗣昭、三太保李存勖、四太保李存信、五太保李存进、六太保李嗣本、七太保李嗣恩、八太保李存璋、九太保李存审、十太保李存贤、十一太保史敬思、十二太保康君立、十三太保李存孝。其中李存勖是李克用的亲生儿子，史敬思、康君立是李克用的手下大将，其余十人都是李克用的养子，这十三人都因为立下战功被李克用封了“太保”一职，因此被后世并称为“十三太保”。

李克用雕像

要讲十三太保的故事，我们需要来先了解一下他们的“大老板”——李克用。李克用十几岁时便随父李国昌一起讨伐庞勋起义军，获得了“飞虎子”的外号。后来黄巢起义之时，他率领沙陀部军队与朱温一起剿灭黄巢起义军，因为这一功劳被唐僖宗封为陇西郡王。从朱温那里逃走时（上文提到过朱温与李克用的结仇），李克用手下大将十二太保史敬思死在那次刺杀之中，李克用本打算发兵讨伐朱温，唐僖宗为安抚李克用赐予他几州之地，让李克用的地盘再一次扩大，李克用又受到部下以及其妻子的规劝选择了暂时隐忍。

事实上此时将李克用的地盘看作一个独立的王国也未尝不可，因为此时的李克用对大唐皇室只有名义上的尊敬，早有了不臣之心。

地盘扩大之后，李克用颁布了一些改革措施休养生息，同时不断地招兵买马扩充自己的

大明宫遗址博物馆中的唐朝皇帝上朝蜡像

实力。在稳固了地位之后，李克用将目光放在了朱温的身上，他可还一直没有忘记当年差点被朱温杀死的大仇，一直等待着一个能够名正言顺讨伐朱温的机会，因此一直向唐僖宗请战去讨伐朱温，但一直没有得到同意，这让李克用非常愤怒。不过在这不久，却发生了一件大事，与李克用关系一直不错的王重荣因没有听从皇帝的命令，而被唐僖宗下令朱玫和李昌符去讨伐他。李克用选择出兵帮助王重荣，击败了朱玫甚至打到了长安，唐僖宗慌忙逃出长安，李克用见好就收撤兵回返。

大明宫遗址墙砖

没想到朱玫却趁火打劫派兵追击唐僖宗，准备“挟天子以令诸侯”，但却没有追上唐僖宗，只抓到了襄王李煴，并逼迫他称帝。唐僖宗出逃之后诏令各大节度使平叛，朱玫本身兵力不多，此时的节度使们虽然只是名义上隶属朝廷，但却乐意听从皇帝的号令去灭掉一个自己未来的敌人，因此朱玫的造反没能持续多久便宣告失败了。叛乱平定之后，唐僖宗回到了长安，此时的唐僖宗因为几次的颠沛流离（他多次被逼出逃后又回返），身子骨已经不大好，最终在文德元年（888 年）死去。

唐僖宗死后，他的弟弟李晔继承皇位，即后世所称的唐昭宗。昭宗继位之后对于此时各大节度使拥兵自重、不听号令的现象极为不满，打算改变这样的现状，重振大唐朝廷的权威。于是派韦昭度领兵讨伐西川，但韦昭度是个文人，不通军务，因此军队的权力都掌握在曾经救驾唐僖宗有功的王建手里，王建率兵攻入西川，将这一地区牢牢控制在自己手中，在这之后却起了二心，不再听从昭宗的命令，把昭宗气得差点吐血。

我们再说回李克用，因为唐僖宗的去世，昭宗又立足未稳，李克用趁机发兵讨伐朱温，

大明宫含元殿复原图

但没想到此时的朱温已经拉拢了李匡威、赫连铎作为盟友，并联手将李克用打败。李克用是各大节度使当中实力最强的，他的大败使昭宗看到了希望，打算先将李克用除去，于是唐昭宗下令宰相张浚带兵讨伐李克用。张浚率领的大军还未到来，李克用手底下的潞州守将冯霸见势不妙投降了朱温，形势对李克用似乎有些不妙。不过李克用手下兵多将广，丝毫没有因为冯霸的投降乱了阵脚，李克用派出了手下最能打的第十三太保李存孝。

李存孝堪称五代十国时期最为勇猛的将军，据说有天生神力，作战时常常冲在最前，历史上记载李存孝有着在一场战斗中杀掉百人的纪录。李存孝率兵前来，活捉了被昭宗封为昭义军节度使的孙揆。接着李克用又派十二太保康君立前往潞州，康君立虽没有李存孝的勇猛，但统军作战的水平极高，没用多久就收复了潞州。李克用亲自率军与张浚交战，结果张浚三战全败，只带领着不多的部队逃回长安，昭宗见未能打败李克用，立即好言相劝，

鎏金银盏托

再次封赏了李克用以示安抚。李克用知道此时还不是与昭宗翻脸的时候，也没有拿此事多做文章，而是在休整兵马之后，派兵攻打朱温的盟友赫连铎，将玉州城围困了一百天之久，赫连铎率领一部分手下突围逃往吐谷浑。之后李克用放任士兵在太原地区大肆劫掠，丝毫没有将昭宗放在眼里。

五代骑马俑

这时发生了一件让李克用非常痛心的大事，十三太保李存孝在邢州叛变，李克用痛心之余更多的是愤怒，于是派兵攻打邢州，最终邢州被攻破，李存孝被杀死。其实李存孝此次的叛变是受到了他的四哥李存信的挑拨，李存信对于李克用偏爱李存孝很是忌妒，于是挑拨说李克用要杀掉李存孝，并建议他起兵造反，并保证自己会配合他的行动。李存孝起初并不相信，但紧接着李存信假传李克用的命令，断了李存孝的粮草，这让李存孝开始相信了李存信的话，于是在邢州叛变，并开始和李克用的死敌朱温接触，以图自保。

令李存孝没有想到的是李存信早就将李存孝叛变的事情报告给了李克用，并且也没有按照约定配合李存孝的行动。李克用很快便将叛变平复下去。李存孝被处死之后，李克用本人也非常痛心，更重要的是李克用的实力也受到了严重的削弱，接连被朱温打败，原本好多依附于李克用的州县都投降了朱温。虽然朱温势大，却始终未能消灭李克用，对李克用来说最危险的一次就是天复二年（902 年），朱温夺下李克用的汾、慈、隰三州之地，并包围了太原，最终却因为军队中突发瘟疫不得不撤退，李克用趁机派兵收回这三州之地。

天复六年（906 年），朱温派兵攻打燕王刘仁恭，刘仁恭向李克用请援。刘仁恭曾是李

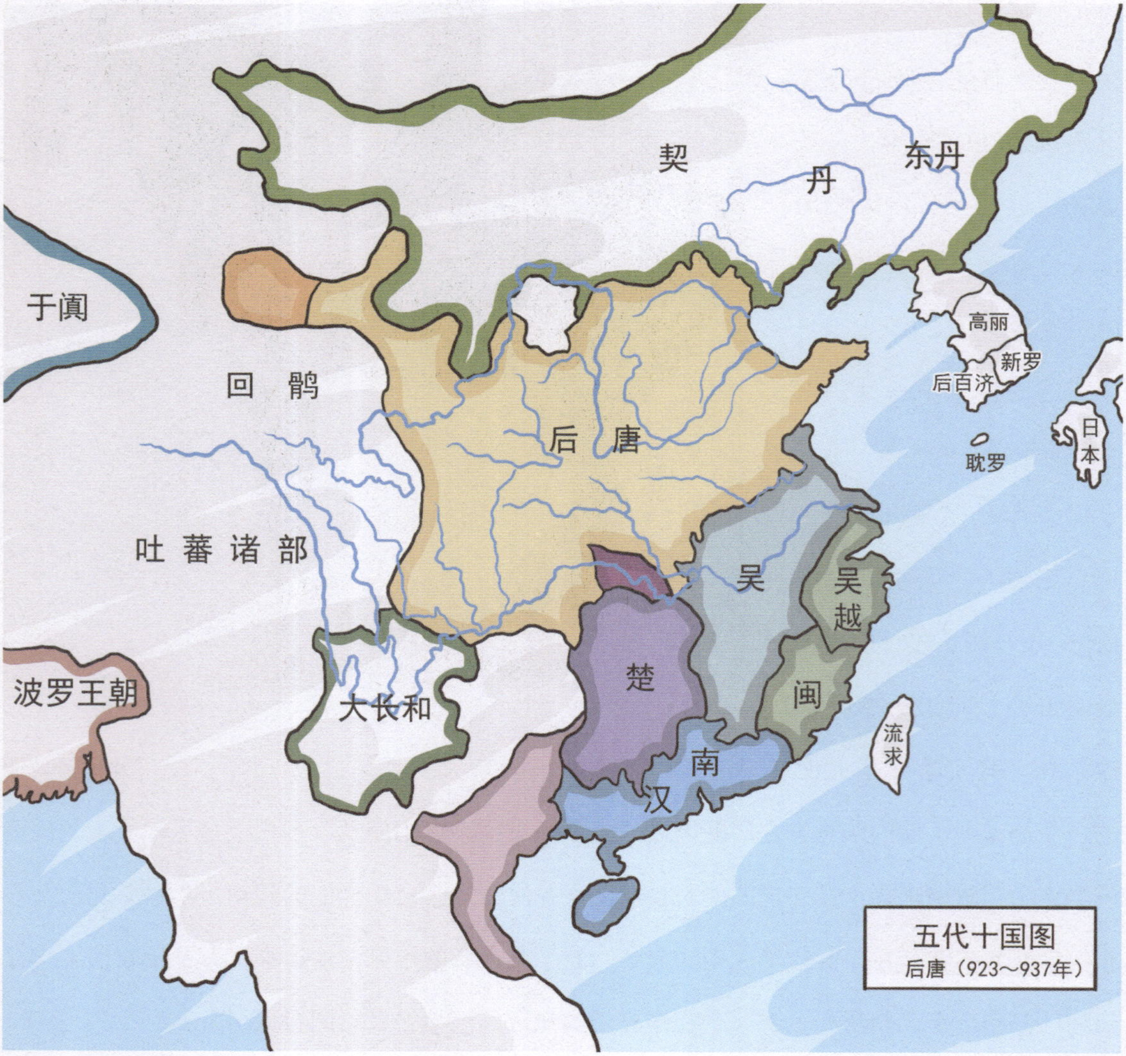

五代十国形势图

克用的部下，后来叛变了。李克用认为他是个反复无常的小人，因此并不打算发兵支援。但他的儿子李存勖却极力建议前去援救，并讲明他们与刘仁恭之间是唇亡齿寒的关系，若是放任刘仁恭被灭，那么自己被朱温击败就是不远的事情了，李克用最终听从了儿子的建议，派兵前去增援，朱温最终撤退。

五代十国时期的敦煌壁画

天复七年（907 年），朱温称帝，国号梁，以汴州为都，李克用并不承认朱温的大梁，仍然使用大唐的年号。第二年，李克用病死，在临死之时遗留给他的儿子李存勖三支箭，代表了李克用的三个遗愿，其一是消灭刘仁恭，其二是打败契丹，其三是消灭朱温。

想想 · 说说

李克用手下有十三太保这样能打的武将，又有许多能臣谋士，为什么却一直被朱温压制着，没能一统天下，最终在遗憾中死去？

从战神到戏子

李克用给了自己的儿子李存勖三支箭，要让儿子来完成自己的遗愿。而李存勖也确实非常争气，在战场上作战的时候经常带着这三支箭，最后也确实是替父亲完成了愿望。

五代三彩釉陶骑马射猎

李存勖这个人，是一个可以称为传奇的人物。他在小的时候，就表现出了非凡的才能，十一岁就跟随父亲李克用出兵打仗，而且还打赢了。打了胜仗之后，李存勖跟随父亲一起觐见了唐昭宗。唐昭宗对这个少年很是喜爱，轻抚着李存勖的后背说道："此儿以后一定能够成为国家的栋梁之材，比父亲还要勇武。"正是因为唐昭宗的这一句"此子可亚其父"的称赞，李存勖又获得"亚子"的小名。李克用非常重视对李存勖的教育，除了时常带着儿子征战之外，也没有忽视文才方面的培养，据说李存勖在计谋方面非常有天赋。

李克用后来占据河东，同朱温长年对战。李克用非常苦恼，但是又不能一举打败朱温，因此常常唉声叹气。李存勖因此劝慰父亲说："我们目前只需要保住现在的地盘不丢失，坐山观虎斗，暗中积蓄力量，早晚有一天能够一举歼灭朱温。"由此可见李存勖见识不俗，大局观和谋略都很好。李存勖自幼跟随父亲作战，虽然很多次提出非常有效的策略，但在父亲的遮掩下，也并未能够完全地放出光彩。直到父亲李克用去世，李存勖独立领军作战，这才将自己的才能完全展示出来，赢得"战神"的美誉。

五代十国『战神』

李存勖，河东节度使李克用之子，自幼就跟随父亲行军作战，后唐实际上的开国君主，作战勇猛，沙场少败，得了"战神"的美誉，庙号庄宗，史称后唐庄宗。

李克用刚刚病死，已经称帝的朱温就趁着李存勖还在居丧期间发动了进攻，但是李存勖丝毫没有因为居丧乱了阵脚。居丧期间的他亲自率领大军，从晋阳出发，直奔潞州而去。趁着大雾，包围了潞州的朱温军队，结果朱温的军队被打得溃不成军。这一战李存勖出尽了风头，之前抛弃李克用投奔朱温的那些"墙头草"，看见李存勖如此能征善战，便立刻转头与李存勖结成了一个反对朱温的联盟。

潞州一战，李存勖扬名立万，军队也是士气大涨。李存勖乘势而起，喊出了"光复唐朝"的口号，起兵讨伐朱温。双方在柏乡又展开了一场血战，在这一战中，李存勖兵力并不如朱温。强行攻城会损失惨重，于是示敌以弱，引诱朱温的军队出城来追击。一开始，朱温的军队不为所动，并不上当，后来李存勖的军队屡次挑衅，激怒了朱温的军队。李存勖的军队且战

后唐灰陶刻花鱼藻盆

且退，把敌人的军队引入预先设计好的埋伏圈当中。朱温的军队中了埋伏，损失惨重，奋力突围出去之后，李存勖的军队仍不放弃，奋力猛追，将朱温的军队杀得丢盔弃甲，亡命奔逃。

柏乡一场血战，朱温的势力范围大大缩小，而李存勖抢夺到了很大的一块地盘。此时的朱温已经被逼到了绝境，再也没有能力对李存勖发兵讨伐。而得到巨大胜利的李存勖，并没有被冲昏头脑，而是休养生息，改革整顿吏治，将这些新得到的地盘牢牢地控制在了自己的手中。

经过了几年的发展，李存勖地盘内的人口大大增加，兵源得到了很好的补充。李存勖开始着手完成父亲的遗愿了。他首先率兵讨伐刘仁恭，而此时的刘仁恭已经被其儿子囚禁，李存勖趁着刘氏父子内乱之时，攻入了幽州，将刘仁恭和其子擒获，之后杀了这两人并用他们的血来祭奠李克用，完成了李克用的第一个遗愿。之后的李存勖开始不断地与后梁交战，双方互有胜负，这让契丹的耶律阿保机有了率兵南下抢下更多地盘的想法，此时正好新州（今河北逐鹿）守将卢文进对李存勖非常不满。因为李存勖总是征调他的军队与朱温交战，这让卢文进觉得李存勖是在借朱温之手削弱自己，于是卢文进选择了向耶律阿保机投降，一起攻打李存勖。他们联手击败了李存勖手下大将周德威，却未能攻入幽州，虽将幽州城围困了近 200 天，始终没能使周德威屈服。

耶律阿保机

后来，李存勖的援兵终于到来，李嗣源领兵将耶律阿保机与卢文进击败，迫使阿保机撤退，卢文进投降，耶律阿保机进入中原的计划失败了。不久后耶律阿保机再次南下，接连攻破了许多城池，李存勖率兵赶来，双方在望都交战，耶律阿保机大败，又恰逢天降大雪，耶律阿保机的契丹军补给匮乏，再次被迫撤兵，耶律阿保机有生之年再没有入侵中原。击败契丹之后，李存勖算是完成了李克用的第二个遗愿，虽然未能灭掉契丹，但已经为自己稳固了北方，不会陷入腹背受敌的境地之中，李存勖开始着手完成李克用的第三个遗愿：灭掉大梁。

这个时候李存勖的对手已经变成了朱温的儿子朱友贞，朱温已于 912 年在内乱之中被他的儿子亲手杀死。朱友贞这个人很不简单，但是无奈那个时候的梁国已经积重难返，没过多久就被李存勖率兵打败。打败了朱友贞灭了梁国，李存勖在北方地区已经成为一代霸主，923 年在魏州称帝，定都洛阳，国号为唐。因为在这之前已经有了一个唐朝，因此后人将李存勖建立的唐称为后唐。李存勖在 925 年将王建所建立的前蜀（王建在四川地区建立的一个小国，后文会有详细介绍）平定，后唐可以说是五代十国中疆域范围最大，也是最具有一统天下实力的一个。

但在这之后，李存勖开始安于享乐，不再将治国的事情放在心上。李存勖这个人一直是非常喜欢戏曲的，之前为了父亲的遗愿，一直将军事放在首位。李存勖称帝之后，就开始把自己的爱好放在了首位，经常与戏子们一起演戏。戏子们与李存勖厮混熟了之后，竟然与李存勖一起打闹，而身为一国之君的李存勖却并不介意。至此，李存勖已经完完全全地从一代战神，变成了一个戏子。

因为李存勖的宠爱，戏子们恃宠而骄，完全不把朝廷的大臣放在眼里，在朝堂之上侮辱大臣，还经常在李存勖的耳边说大臣的坏话，这让李存勖与大臣们更加疏远，渐渐地就没有愿意直言劝谏的大臣了。再后来，李存勖竟然把刺史之位封给了戏子。这样的举动使得李存勖丧失了自己在将士们心中的威望。

后来发生了一件大事，直接影响到了李存勖的地位。

唐代文官俑

唐国大将郭崇韬率兵平定蜀地，但因为在行军当中与皇帝李存勖派来的太监向延嗣发生了冲突，向延嗣回京之后跟李存勖说了许多郭崇韬的坏话，李存勖听了之后勃然大怒，下密旨令魏王李继岌杀掉郭崇韬，而且还诛杀了郭崇韬的九族。这个事情发生之后，朝廷之中人心惶惶，郭崇韬这样的军中重臣，说杀就杀，这让大臣们很没有安全感。民间谣言四起，因此发生了兵变，李存勖派兵几次镇压都没有成功，最后不得已请出了自己的干哥哥李嗣源来平定叛乱。

隋唐及五代时期洛阳城模型

李嗣源奉旨前去平叛，不料在平叛的过程中，听从了石敬瑭的建议，直接就起兵造反了。这一下把李存勖气得火冒三丈，召集军队就要亲自去平定叛乱，可惜这个时候的李存勖高估了自己在将士们心中的威望，好多将士在行军途中跑去了李嗣源的军队中，跟着李嗣源一起造反。

三彩武士俑

将士们纷纷倒戈，让李存勖的平叛大业无疾而终，回到京城之后，李存勖还没休息几天，石敬瑭率领的大军就已到城外，宫中的亲军指挥郭从谦也背叛了李存勖，混战中李存勖被射中，失血过多，李存勖就在这种腹背受敌的情况下一命呜呼了。

想想·说说

一代“战神”转变成为戏子，最后又被叛军杀死。这给我们带来什么样的启示？

一代明君与后唐之灭

李嗣源（即位后改名李亶）是后唐的第二个皇帝，是李克用最大的养子，位列十三太保中第一位，正是他领兵第一个攻入大梁的首都汴京。后唐能够建立可以说有大半是他的功劳，但因为功劳太高，导致李存勖一直对他心有忌惮。在李存勖死于内乱之后，李嗣源继承了皇帝的位置，史称后唐明宗。

后唐时期的敦煌壁画

明宗即位之后，决心改变朝廷内部的混乱局面，首先便处死了横征暴敛的租庸使孔谦，然后将之前祸乱天下的宦官全部诛杀，又杀了不少李存勖当皇帝时宠信的戏子，遣散了部分女戏子，接着进行吏治改革，裁撤了一些不需要的官府部门，减少国家的开支。同时还规定地方官除了重大节日不得向朝廷进贡，这就杜绝了地方官打着皇帝的旗号向百姓搜刮财物的机会。除此之外，李嗣源还非常注重保护农业，减少商业税收，使后唐的经济

五代妇女演奏浮雕

开始恢复，甚至向前发展，人民不再遭受战乱之苦。根据《五代史阙文》中《后唐史七篇》中记载："天成、长兴间，比岁丰登，中原无事，言于五代，粗为小康。"

在朝政方面李嗣源吸取李存勖的教训，对于大臣的忠言直谏都能大度地接受，另外还努力学习文化，因为他是武将出身，不识字，因此经常让身边的侍从教他认识汉字，还要求他的诸多儿子也努力学习中原文化。在对于历朝历代都会出现的贪污问题上，李嗣源显出了他军人出身果断狠辣的一面，对于证实贪污的官吏立即下令处死，而且不徇私情。有一次，他手下的部将王建立为一个贪官求情，这个贪官还是李嗣源女婿石敬瑭的亲戚，但李嗣源立场坚定，坚持将其处死，狠狠地震慑了当时的大臣。与处置贪官相对应的是，李嗣源非常看重清廉的官员，他的宰相李愚生病不能上朝，皇帝派近臣前去探望，发现李愚的家中节俭，李嗣源对李愚进行了一番厚赏，向群臣们表示这才是我李嗣源看重的好官。除了朝政方面之外，李嗣源还是一个非常注重节俭的人，不修建奢华的宫殿。

但李嗣源虽然可以算作 一代明君，使百姓安居乐业，政治清明，但因为本身并不识字，奏折总要靠身边的近臣来念，因此就造成了他对于近臣的倚重，许多大事都由近臣出谋划策。这几个近臣对于李嗣源虽然忠心耿耿，但本身却并不是什么治国良才，因此在李嗣源当皇帝的后期，国家就开始混乱起来。之后，李嗣源娶五代十国的出名美女“花见羞”王氏为妃子，开始渐渐不理朝政，身子骨也是越来越差。

花见羞原本是邠州城内王氏糕饼店家的女儿，花见羞并不是她的真名，只是因为她天生丽质，是那么灿烂娇艳，人们认为鲜花在她的面前也会自惭形秽，因而称她为“花见羞”。

后唐汉白玉碗

李嗣源的儿子中有一个叫李从荣的，因为平日里与大臣的关系不好，又见父亲身体一直没有好转，于是起了谋反的心思，因为他知道大臣们不会拥立他为皇帝，只能出此下策。后唐长兴四年（933 年），李从荣率兵杀入宫中，却未能成功，被宫中的禁军所击杀。李嗣源本就身体不好，加上此次受到惊吓，及儿子因背叛被杀的打击，终于一病不起，几日后便去世了。

贴金铠甲骑马俑

李嗣源去世之后，宋王李从厚继位，李从厚继位后一直对李从珂很是忌惮。李从珂是李嗣源的养子，跟随李嗣源作战屡立战功，在军中威望甚高，李从厚害怕李从珂起兵造反，于是开始不断地削弱李从珂的兵权，把他的儿子从京城之中调离，下令解除李从珂节度使的职务，甚至把李从珂一个已经出家当了尼姑的女儿抓来做人质。但李从厚的这些举动却起到了相反的效果，李从珂更加坚定了造反的念头，最终李从珂选择了违抗皇命，起兵造反。李从厚立即调兵前往凤翔，但李从厚却高估了自己的威望，前往凤翔的将领临阵倒戈，带领

唐三彩武官俑

手下士兵投降了李从珂，之后李从珂率领军队势如破竹，很快便夺下陕州，这里距离都城洛阳不远。李从厚很是慌乱，匆忙逃往魏州，却在半路遇到了石敬瑭，石敬瑭将他献给李从珂，李从珂率兵进入洛阳宣布即位称帝，李从厚也被下令杀死。

李从珂即位之后，对于朝廷中敢于直谏的大臣非常宽容，但另一方面对于手下的将领比较严苛，而对于曾经支持他登上帝位的将领又异常纵容，导致很多将领离心离德，而他骄纵的那部分将领大肆搜刮百姓，致使民怨四起，军队战斗力也因为从士兵到将领的吃喝玩乐直线下降。

后来石敬瑭反叛，有很大一部分将领投向石敬瑭一方，而李从珂一方的将领大多是酒

囊饭袋，毫无战斗力可言。最终，绝望的李从珂和皇族们一起在洛阳玄武楼自焚而死，后唐就此灭亡。

想想·说说

李从珂发动叛乱从自己哥哥手中夺取了皇帝的位置，这样的行为能不能得到大臣们的支持呢？

有人认比自己小的人做父亲

后唐在李嗣源的女婿石敬瑭的手中灭亡，石敬瑭这个人在历史上评价多是负面，因为他为了得到契丹的支持选择向契丹称臣，并说出了“以父事之”这样恬不知耻的话，因此得名“儿皇帝”。

后晋高祖石敬瑭

石敬瑭从小就沉默寡言，但非常喜欢读兵书，将战国时期的李牧及汉朝名将周亚夫视为人生目标。因为作战勇猛，很得李嗣源的器重，还将自己的女儿嫁给了他，并将自己的亲兵“左射军”交给石敬瑭来统领，视他为心腹。

作为一个将领，石敬瑭不只是作战勇猛，而且还极善谋略，多次救过李嗣源的性命，甚至李存勖都被他救过。在胡柳陂之战中，由于李存勖的冒险指挥，损失了将近一半的兵力。最后石敬瑭率左射军骑兵突袭梁军战

后晋壁画

阵，将梁军战阵冲开一道口子，救出李嗣源，接着与李嗣源一起收拢残兵将梁军杀得大败，消灭梁军三万多人。

在后唐发生内乱时，李嗣源本不想趁势起兵，也是在石敬瑭的建议下才最终起兵当了皇帝。石敬瑭也因此被封为保义军节度使，兼六军诸卫副使，深得李嗣源信任，但石敬瑭却非常有远见地辞去了六军诸卫副使这个职务，因为六军诸卫正使是李从荣，此人一直与李嗣源的旧将不和，而且骄横跋扈，石敬瑭认为李从荣早晚会带来大祸。果然，后来李从荣发动兵变，最终失败被杀，石敬瑭并未因此受到牵连，反而调任河东节度使，掌控了后唐根基河东之地。

石敬瑭不仅在军事上有谋略，有远见，而且对于处理地方政务也非常在行。他为官清廉，异常节俭，并且许多事都亲力亲为，深得河东百姓的爱戴，更有意思的是，石敬瑭此人非常善于断案，将河东地区治理得非常好。之后李从珂发动叛乱攻入洛阳后，石敬瑭将李从厚献给李从珂，希望能够得到李从珂的信任。但李从珂非但没有信任他，反而对他更加忌惮，一直想把他调离河东之地。

石敬瑭知道此时的自己还不足以与李从珂相争，因此表现得异常低调。另一方面他知道李从珂早晚会派兵攻打自己，便多次以契丹南下骚扰为名，向李从珂讨要大批军粮，实际上是在为以后的起兵做打算。石敬瑭的所作所为被部下看在眼里，一次朝廷派人前来慰劳将

现代人仿制的隋唐及五代时期的兵器

士，手底下就有将士高呼“万岁”，打算拥立石敬瑭做皇帝，以谋得石敬瑭的奖赏。可是这些将士却将马屁拍到了马蹄上，此时的石敬瑭还在积蓄实力并没有起兵的打算，为了不走漏消息，石敬瑭将这些将士共三十六人处死。做完这些，石敬瑭还不放心，打算试探一下李从珂，于是上书李从珂表明自己打算从河东调走，若是李从珂将自己调走则说明他对自己早就起了怀疑，若是他仍然让自己留在河东则说明没有怀疑自己。谁知道此举却是弄巧成拙，李从珂果然同意了石敬瑭调离河东的请求，逼得石敬瑭不得不以身体生病为理由来抗命，李

从珂先下手为强，以石敬瑭违抗皇命为理由调兵攻打。

弄巧成拙：弄，卖弄，耍弄；巧，灵巧；拙，愚笨。本想卖弄聪明，做得漂亮些，结果却做了蠢事或把事情弄糟。

契丹提梁壶

李从珂的军队兵临城下，石敬瑭知道打不过，因此不敢出城迎战，只是据城防守。同时向契丹人求救，并向契丹皇帝耶律德光许诺：割让幽蓟十六州给契丹，每年向契丹进贡数额巨大的财宝，并认耶律德光为父，自称儿子。要知道耶律德光比石敬瑭小十岁之多呢。耶律德光正愁没有机会南下中原，继承父亲耶律阿保机的遗志，何况还有石敬瑭许下的这么多好处，因此亲自领兵来支援石敬瑭，大败后唐军队，并支持石敬瑭灭掉后唐。

后唐清泰三年（936 年）十一月，耶律德光册封石敬瑭为皇帝，国号大晋，史称后晋。石敬瑭称帝之后，立即将幽蓟十六州割让，并商定每年向契丹进献 30 万匹布帛。这就是石敬瑭为何一直背负骂名的原因，幽蓟十六州是北部阻挡契丹骑兵南下的天然屏障，将此地让给契丹，使得中原地区失去天险以及长城的防守，完全暴露在契丹的铁骑之下，自此契丹经常以此为基地南下掠夺中原，使北方的百姓以及经济生产遭受重创，影响深远。之后石敬瑭在契丹军的帮助之下进入洛阳，李从珂自焚，后唐灭亡。石敬瑭将都城迁到汴州，改称为东京开封。

幽蓟十六州

幽蓟十六州指幽州（今北京）、顺州（今北京顺义）、儒州（今北京延庆）、檀州（今北京密云）、蓟州（今天津蓟县）、涿州（今河北涿州）、瀛州（今河北河间）、莫州（今河北任丘北）、新州（今河北涿鹿）、妫州（今河北怀来）、武州（今河北宣化）、蔚州（今河北蔚县）、应州（今山西应县）、寰州（今山西朔州东）、朔州（今山西朔州）、云州（今山西大同）。

幽、蓟、瀛、莫、涿、檀、顺七州位于太行山北支的东南方，其余九州在山的西北，十六州大致是今北京、天津和河北北部、山西北部的大片土地。

此时石敬瑭刚刚得到天下，还有许多节度使不承认石敬瑭的大晋，又加上连年的战乱，官府国库空虚，民间百姓更是贫苦。为了稳定局面，石敬瑭承认周围节度使独立的地位来安抚他们，禁止军队扰民，并大力发展商业来恢复经济，同时招兵买马，扩充军力以图自保。在石敬瑭当皇帝的几年，对于契丹的要求从不拒绝，每次上表都称耶律德光为“父皇帝”，恬不知耻。除了事先答应好的 30 万布帛之外，还时不时地拿些珍奇之物献给耶律德光，十足的一副奴才嘴脸。

石敬瑭的这副样子使手底下一些将领对石敬瑭更加鄙视，契丹来使都是一副趾高气扬的样子，也让石敬瑭很没有面子，但最终石敬瑭都忍受了下来。这也使好多节度使不再支持石敬瑭。魏州发生兵变，石敬瑭下令派

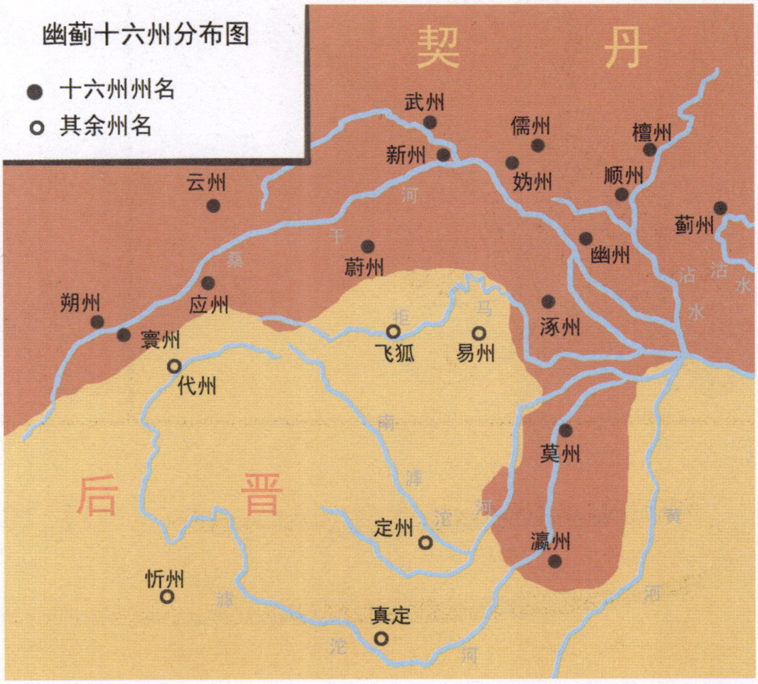

幽蓟十六州分布图

人前去讨伐，没想到讨伐的将领也随之一同叛变，反对后晋与大辽（契丹在938年改的国号）。后晋天福六年（941年），成德节度使安重荣上书指责石敬瑭出卖中原，大骂石敬瑭这个“儿皇帝”，石敬瑭因为畏惧大辽，派兵将安重荣打败，斩下头颅送给契丹人。

石敬瑭称帝之前治理地方事务很有办法，为人也很节俭，没想到的是称帝之后，渐渐变得奢侈起来，大肆建造宫殿，并用黄金珠宝装饰，加上因为每年要向大辽进贡，财政的负担非常重，不断有百姓被逼得造反。为了镇压这些反抗的百姓，他制定了很多严酷的法律，同时对于朝中大臣也不再信任，重用宦官，朝政进一步混乱起来。石敬瑭在位的后期，政治腐败，他手下的大将刘知远不再听命于他，并将不愿臣服大辽的吐谷浑部收归帐下加以保护。天福七年（942年），大辽国遣使来询问此事，石敬瑭既不敢得罪手握重兵的刘知远，更不

隋唐及五代时期的斩马刀

敢得罪大辽，夹在中间非常郁闷，最后竟因此染上重病，一病不起，在这一年的六月去世了，给他的继任者留下了一个烂摊子。

纵观石敬瑭的一生，在他称帝之前还算得上是一个可敬之人。无论是作战的勇猛、深远的谋略，还是治理地方的手段都显示出这个人非常有能力，但为了登上帝位，利令智昏，选了一个最不该用的下下策，使契丹人的铁骑得以马踏中原，留下了千古骂名。

五代十国时期的绘画

想想·说说

石敬瑭认比自己小的人做父亲，通过这样的方式登上皇帝的位置，你对此有什么看法呢？

石重贵与后晋之亡

石敬瑭去世之后，他的侄子也是他的养子石重贵即位。石重贵的父亲石敬儒在他很小的时候就死了，石敬瑭非常喜欢这个侄子，因此把石重贵收为义子。在石敬瑭起兵造反进攻李从珂的时候，石重贵经常给石敬瑭出谋划策，而且亲自领兵打了许多胜仗，深受石敬瑭的信任，为后晋的建立也算是立下了汗马功劳。但石敬瑭死后却并没有选择把皇位留给石重贵，

后晋壁画飞天局部

而是将自己还未长大的亲生儿子石重睿托付给宰相冯道，让他拥立石重睿成为皇帝。一生经常背叛别人的石敬瑭在死后也遭到了别人的背叛，石敬瑭刚死，冯道便和当时掌握开封军队的景延广商议拥立石重贵成为皇帝，就这样，石重贵便成了大晋的第二位皇帝。

冯道，曾效力于燕王刘守光，历仕后唐、后晋、后汉、后周四朝。出于忠君观念，后世史学家对他非常不齿，欧阳修说他“不知廉耻”，司马光斥其为“奸臣之尤”。但他亲民、提携贤良，在五代时期有“当世之士无贤愚，皆仰道为元老，而喜为之偁誉”的声望。

石重贵此人作为武将还算有些能力，但做一个需要治理国家的皇帝却非常不称职。加上石敬瑭死时朝政已经相当腐败，地方官吏只知道搜刮百姓，并且当时的大晋还天灾频发，石重贵不下令救灾，反而继续向百姓征收赋税，使得当时的百姓民不聊生，纷纷背井离乡。不单如此，石重贵任人唯亲，将他的好多亲戚都封了大官，因此石重贵在位的四年之内政治比之前更加混乱，百姓的生活更加困苦。

五代十国时期著名宰相冯道

但石重贵唯一值得肯定的就是对于大辽的态度，石重贵对于之前石敬瑭向大辽称臣的事情非常不满，此时轮到他自己做皇帝，开始向大辽表明态度，在给耶律德光的书信中表示“称孙不称臣”。意思是仍然按照之前的辈分尊耶律德光为祖父，但大晋不再向大辽称臣，并且石敬瑭时期定下的

30万布帛也不再进贡。

这个惹恼了耶律德光，后晋开运元年（944年），耶律德光派兵南下攻打大晋，首先将矛头对准了一直反对大晋向辽国称臣的吴峦所驻守的贝州，吴峦率领贝州守军英勇抗击，使攻城的辽军伤亡惨重，但最终却因为寡不敌众致使城破身亡。辽军占领贝州之后，继续向南进军，却在马家口渡河一战中遭到重创，此战胜得非常轻松，因为大晋将领李守贞率兵到达马家口之时，辽军正在渡河，先锋部队已到达河的东岸开始修建营寨，而辽军的主力还在西岸。李守贞趁此良机发动进攻，河东岸的辽军猝不及防损失惨重，死伤数千人，辽军骑兵在慌忙撤退向西岸的时候，又淹死数千人，吓得西岸的辽军主力再不敢从此处过河，就此退去。

此次大败让耶律德光异常愤怒，亲自率兵进攻澶州，与大晋军队激战一天一夜，未分

契丹人发型图

胜负，双方均损失惨重，但契丹军由于缺少补给，最终掠夺了一番之后向北撤退。大晋与大辽的第一次交锋，以大晋的胜利而告终。

耶律德光失败之后更加愤怒，很快就发动了第二次的战争。开运二年（945 年），耶律德光再次率军南下，石重贵派张从恩、马全节为先锋北上迎战，却因为张从恩畏惧辽军而致使军队混乱，虽有慕容彦超、皇甫遇等将军奋勇杀敌但却未能扩大战果，辽军从容撤走。气得石重贵大骂“匹夫误国”，于是亲自率兵出征，并督促各路军队北上进攻。石重贵的命令终于起到了作用，晋军大将杜重威率兵攻下泰州（今河北保定）、满城（今河北满城），俘虏辽军两千余人，但此时耶律德光率领辽军主力八万人南下而来，杜重威自知不敌，于是选择撤退，但尚未能撤走，就被辽军主力包围了。耶律德光命令辽军下马出战，准备完全歼

灭晋军，不料晋军背水一战，下了马的辽军战斗力受到影响，加上当时的大风也帮助了晋军，将耶律德光率领的八万辽军杀得大败，耶律德光领着一部分残兵败将狼狈逃走，留下了大量的装备和战马。大晋与大辽的第二次交战，再一次以大晋的胜利而告终。

开运三年（946 年），耶律德光第三次率兵南下，杜重威率军迎战，但此时的手下将领不思进取贻误战机，致使杜重威在栾城（今河北栾城）被辽军团团包围，杜重威在手下将领的劝说及耶律德光助他登上帝位的许诺下投降。而此时的石重贵自以为两次打败辽军，耶律德光已经不足为患，整日在宫中饮酒作乐，丝毫不关心前线战事，还不知道杜重威已经投降了耶律德光。由于大晋的很大一部分兵权掌握在杜重威手中，杜重威一投降，后晋再无可用之兵，很快便被契丹军攻破了大晋的都城开封，石重贵选择了投降，大晋就此灭亡。

想想·说说

石重贵起兵反对契丹人，虽然因为对形势认识不清，最终导致了后晋的灭亡，但大家认为是像石敬瑭一样继续认贼作父保全自己的好，还是石重贵这样的行为好呢？

辽军骑兵壁画

勇猛无敌刘知远与后汉之乱

后晋灭亡之后，中原地区开始被大辽占领，但因为耶律德光在中原地区的残暴统治，不断地烧杀抢掠，引起了中原百姓的不断反抗，原后晋大将刘知远看准时机，在太原称帝建国，国号大汉，史称后汉。

后汉高祖刘知远

刘知远一开始是李嗣源手下的一名小卒，后来因为作战勇猛，被石敬瑭调入到了他的帐下，之后随着石敬瑭征战，得了个“勇猛无敌”的外号，后来石敬瑭称帝灭后唐，刘知远也一直跟随，石敬瑭的后晋能够建立，刘知远可谓是功不可没。但刘知远一直对于石敬瑭称耶律德光为“父皇帝”的事情很是不齿，渐渐开始与石敬瑭疏远。值得一提的是，刘知远在后晋建立之后也被石敬瑭封为河东节度使，似乎皇帝的这个位置比较青睐河东节度使，当年的李存勖就是曾任河东节度使，之后的石敬瑭也任过这一职位，还有现在的刘知远，他们分别建立了后唐、后晋和后汉。

称帝之后，刘知远下令禁止向耶律德光提供军粮和物资，还拿出大笔钱财支持反抗耶律德光的义军，同时下令屠杀了不少抢劫的辽国人，因此得到了许多晋国旧臣的归附。耶律德光此时终于认识到，中原地区不是久留之地，于是选择了率兵北撤，在北撤的途中经常遭遇当地百姓的袭击，更糟糕的是耶律德光还染上重病，最终在栾城的杀胡林死去。

契丹人壁画

在耶律德光撤出开封之后，刘知远趁机率兵向开封进发，他听从手下将领郭威的建议，由汾水南下，又命史弘肇为先锋，一路上势如破竹，原来投降了耶律德光的后晋旧将纷纷选择了投降。刘知远的部队很快便进入了洛阳，接着向开封进发。耶律德光在北撤之时留下的契丹将领萧翰知道自己无法抵御刘知远的大军，于是将唐明宗李嗣源的宠妾“花见羞”王氏和他的小儿子李从益推出来，假传耶律德光的命令让李从益成为中原的皇帝，他却不知道此时的耶律德光在北撤大辽的路上已经死了。王氏还算是个有见识的妇人，知道萧翰让李从益称帝是想让她们娘俩做替死鬼，但萧翰手握兵权，王氏只能听从。此时萧翰却收拾财物，带领兵马向大辽撤退了。刘知远很快便进入了开封，听说李从益在契丹人的安排下已经成为皇帝后，刘知远也不顾上去追击萧翰了，马上派人去宫中处理掉王氏母子。

王氏临死前可怜地求饶道：“我儿子本来也不想当什么皇帝，都是契丹人强迫，何不留下我们母子二人，之后也能时常有人到明宗皇帝的墓地扫墓。”但刘知远不想留下隐患，还是下令将王氏二人杀掉了，并对百姓说是自杀。解决了隐患之后，刘知远宣布开封为大汉都城，中原局势稳定。刘知远一直不放心杜重威，在中原局势稳定之后打算收拾他，于是下令掌控魏州的杜重威与归德节度使高行周对调，魏州是杜重威的根基之地，杜重威怕被调离

使契丹骑兵战斗力大增的马镫

魏州之后被刘知远借机杀死，因此选择抗命不从。

刘知远当然知道杜重威不会答应，于是下令高行周、慕容彦超率军讨伐杜重威，遭到了杜重威的誓死抵抗，高行周与慕容彦超多次强攻也未能攻下此城，后刘知远亲自来到魏州强攻，但仍旧未能攻下杜重威花费了很大苦心经营的魏州城。刘知远大怒，选择将魏州城团团围住，打算困死杜重威，同时遣使招降杜重威，并承诺保他不死。这一招果然起到作用，

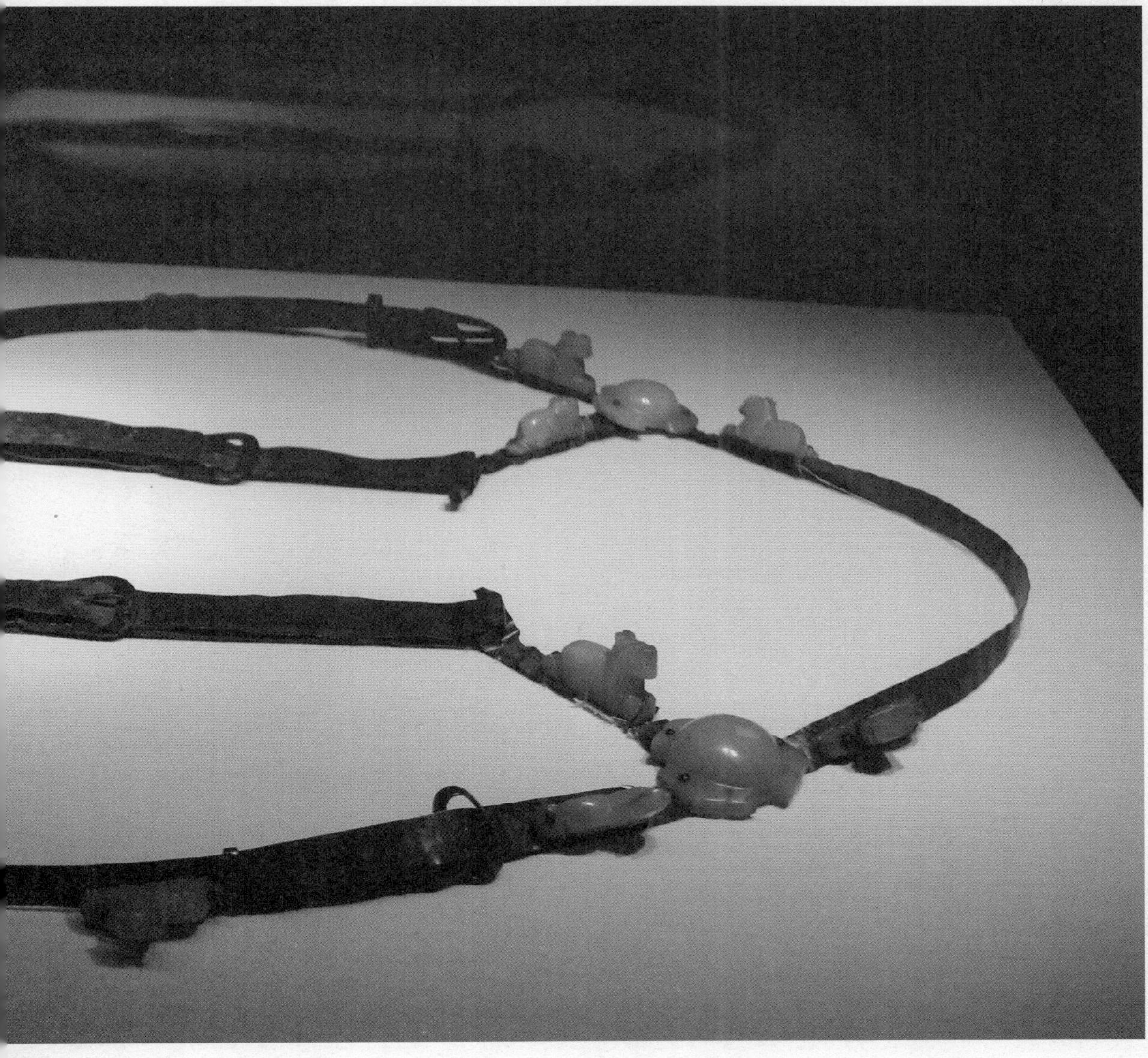

契丹人所使用的主要兵器——弓箭

围城之计使魏州城粮草耗尽，许多将士出城逃跑，杜重威见大势已去，出城投降，刘知远也言而有信并未杀掉杜重威，还封他做了大官，但只是虚职并没有实际兵权。

平定了杜重威之后，刘知远班师回朝，但他刚到开封，就传来了一个噩耗，他一手培养起来的儿子，未来皇帝的接班人，刘承训因病去世了，死时只有二十六岁。刘知远对于刘承训的教育很是上心，督促他习文练武，但他却先刘知远一步就去世了，这让刘知远悲恸不已。安葬完刘承训过后，刘知远就得了一场大病，刘知远自知命不久矣，于是招来郭威等大将交代后事，让他们尽心尽力地辅佐他的次子刘承祐，并说："杜重威始终是个威胁，我死之后立即杀了他！"

在交代完这些后事不久，刘知远就去世了，可怜刘知远一生勇武，到头来白发人送黑发人，自己也仅仅做了十个月的皇帝便去世了，留下生性贪玩的次子和刚刚建立不久的大汉。

刘知远死后，他的托孤大臣们没有立即宣布这个消息，而是召杜重威进京，将其杀死，然后才公布了皇帝的死讯，并拥立刘承祐继位。刘承祐虽然成为皇帝，但不通政事，朝廷大权把持在一干旧臣手中，就连兵权也掌握在大将郭威的手中。在刘知远活着的时候，他手下的文臣武将表现得很忠心，但在他死了之后，却不是那么回事了，可以说他们背叛了刘知远的托孤遗命，但这在混乱的五代之中算不上什么，因为五代历史本就是一段礼乐崩坏、混乱不堪的战乱史。

刘承祐皇帝的位子还没坐上多久，原来刘知远手下的大将——河中节度使李守贞造反，发兵夺下了潼关，自立为秦王。同时王景崇、赵思绾也宣布起兵，三个藩镇势力一起造反，让刘承祐很是恐慌，派出郭威为主帅前去镇压叛乱。外出领兵作战本就是郭威的责任，况且郭威也想借着这个机会继续扩充自己的势力，于是率军攻打李守贞。郭威对待手下的士兵很好，与士兵们同甘共苦，还经常赏赐手下财物，很得士兵们的拥戴。郭威分三路进军，另外两路将王景崇、赵思绾牵制住，郭威则亲率大军攻击实力最强的李守贞，郭威到达李守

五代瓷碗

五代双鱼纹碗

贞据守的河中城下，却并未急急忙忙地发动进攻，而是将河中城包围，在河中城外安营扎寨，因为另外两路大军的牵制，王景崇、赵思绾根本无法派出援军，河中城因此被围困一年之久，在这一年期间李守贞几次派骑兵突围，但都未能成功。

李守贞手下的士兵因为粮食缺乏，战斗力直线下降，郭威见时机已至，下令攻城，非常轻易地便攻破了河中城的城门，许多李守贞的士兵选择了向郭威投降，李守贞知道大势已去，便引火自焚了。实力最强的李守贞被杀，赵思绾知道凭借自己的实力不可能掀起大风浪，于是上了一封降表向郭威投降，郭威却并未因为赵思绾投降而留他一条性命，后来随便找了一个借口把他杀了。此时三处叛乱已经平定了两处，只剩下实力最弱小的王景崇，郭威并没有把他放在眼里，也没有率兵去攻打他，而是班师回朝，回到了汴梁。郭威虽然没有攻打王景崇，但王景崇却自己想不开，知道自己叛乱一定没有好下场，带着全家一起自杀了。

郭威平定了叛乱，回到朝中自然受到了大大的封赏，可惜他还没安生几天，辽国的契丹骑兵南下，郭威立刻带着养子柴荣离开京城，回到魏州之后召集军队与辽军交战并大败辽军。捷报还未传回汴梁，京城之中却发生了一件大事。原来在郭威刚走后不久，刘承祐为了夺回权力，便将杨邠、王章、史弘肇三位托孤大臣杀死，还下令诛灭了三人的亲族，郭威因为领兵在外逃过一劫，但郭威在汴梁的亲眷也被杀害，包括柴荣的三个儿子。刘承祐也没打算放过郭威，一面下令召郭威回到朝中议事，另一方面派人前来刺杀郭威，但刘承祐在军队当中的威望不高，派来刺杀郭威的刺客反而投降了郭威，并把汴梁发生的事情告诉了郭威。郭威听到之后几乎气得吐血，于是决定起兵反叛，以“清君侧”为名，率领大军前往汴梁，又命养子柴荣留守。

后周太祖郭威

由于郭威在军中的威望很高，一路上几乎没有遭到抵抗，很快就到了汴梁城下。刘承祐命令忠于自己的汴梁守军出城迎敌，刘承祐也带领手下出城观战，没想到汴梁守军大败，刘承祐等人慌忙向汴梁城逃跑。开封府尹刘铢却没有放刘承祐进城，反而派出杀手追杀刘承祐等人。刘承祐等人如丧家之犬，向西北方向逃去。刘铢这样做是因为之前郭威交给刘承祐的一封信中言明自己并不是要叛乱，只要刘承祐交出杀了自己亲眷的佞臣。而郭威的亲眷正是刘铢派人杀害的，刘铢害怕刘承祐知道打不过郭威之后把自己交出去，于是一不做二不休，打算杀掉刘承祐，然后凭借着汴梁城的坚固防守抵御郭威的进攻。

刘承祐为了躲避杀手，逃到一个村子当中避难，忽然后方尘烟滚滚，他的随从郭允明以为杀手追至，打算拿下刘承祐献给叛军，但一不小心却将刘承祐杀死，令郭允明没有想到的是，后方却是赶来保护刘承祐的亲兵，此情此景郭允明心灰意冷，选择了自杀。刘承祐的

开封府

古代汴梁城模型

死讯很快就传到了郭威那里，郭威先是放声痛哭了一番，然后下令进攻汴梁，誓要将杀死自己亲眷的刘铢砍头。刘承祐的死亡使刚刚建立四年的后汉陷入了一场动乱之中。

想想·说说

刘知远勇猛无敌，但是为什么后汉仅仅存在了四年就陷入了内乱之中呢？

黄袍加身

郭威率领军队攻城，刘铢本以为凭借汴梁城的坚固和充足的粮草，足以坚持两三年，但他却小看了郭威在军队当中的威望，也高估了自己的守城能力，郭威略施小计便将汴梁城攻破，活捉了刘铢。郭威进入汴梁之后，却没有着急夺取权力，而是拥立刘知远的义子——河东节度使刘崇的儿子刘赟为帝，并将朝政大权交到太后的手中，郭威准备先稳定局势，再慢慢地夺取权力。此时，辽国骑兵再次南下的消息传来，太后命令郭威北上迎战。郭威领命出城，但大军来到澶州之时，手下的士兵突然不再向前进了，将士们如商量好一般拥立郭威当皇帝，还将一面黄旗披在郭威身上，并向郭威建议返回汴梁，登基称帝。这就是郭威黄袍加身的故事。历史上宋太祖赵匡胤在陈桥发动兵变黄袍加身的故事非常著名，其实最先被黄袍加身的是赵匡胤的老上司郭威。这一切看似是郭威被手下士兵逼迫，其实从一开始都是郭威计划好的，包括辽国骑兵南下的消息也是郭威让手下将领假传的。

刘赟本是河东节度使刘崇的儿子，是刘知远的侄子，但因为刘知远对这个侄子非常喜爱，便将他收为义子，因此郭威才会假意拥立刘赟为帝。

五代酱釉瓶

周元通宝

郭威黄袍加身之后，立刻掉转行进方向，转回京城逼迫太后任自己为“监国”，控制了京城，之后又派人将还未到达京城的刘赟杀死，宣布自己称帝，国号大周，史称后周。郭威虽然称帝建国，但却没有赶尽杀绝，尊前朝太后刘承祐的母亲为昭圣皇太后，即使对于杀害了自己亲眷的刘铢也只是杀死了他本人，并没有株连九族。

郭威称帝之后，首先做的便是休养生息，废除苛捐杂税，只保留必要的正税，又废除了很多后汉时候的严酷律法，还放宽了对于盐、酒等传统国家垄断行业的限制，允许民间自由买卖，很是为百姓的生活着想。和之前后汉开国皇帝刘知远一样，郭威为人也非常节俭，而且采取措施整顿官吏，任用有能力的大臣，使后周的经济与人口快速恢复和发展，为以后的征战提供了充足的钱财和兵源。

河东节度使刘崇因为儿子被郭威所杀，一直想要报复，但因为郭威势大，单凭自己一人无法报仇，于是效仿石敬瑭，认辽国皇帝耶律璟为叔父，称帝建国，国号为汉，以显示自己是刘知远建立的后汉的正统，史称北汉。耶律璟派出骑兵支援刘崇，刘崇任命自己的儿子刘承均为招讨使，兵分五路进攻晋州，晋州节度使王晏示敌以弱，将城墙上的守军全部撤走，让刘承均以为他怯战逃走。刘承均果然中计，命人攀登城墙，却遭遇王晏的埋伏，北汉军被杀掉一千多人，刘承均大怒，下令强攻，但还是未能攻下晋州，最终选择了退兵。

没过几个月，刘崇再次派兵进攻晋州，王晏一面据城防守，一面向郭威求援，于是郭威派自己的结拜大哥王峻为总指挥支援。王峻赶到之时，恰逢天降大雪，辽国骑兵与北汉军队缺少补给选择撤退，王峻率军追击辽军与北汉军，使他们损失惨重，再无力对郭威发动进攻。刚刚平定北方，刘知远同母异父的兄弟慕容彦超联络南唐在兖州起兵造反，郭威

契丹骑射图

派昭武军节度使曹英进攻兖州，但是久攻不下，于是郭威亲率大军前来，下令强攻，周军主力不计伤亡地强攻，终于攻破城门，郭威率兵进入兖州，慕容彦超不想受辱，投井自尽。郭威进城之后，对慕容彦超的家族丝毫没有手软，全部诛杀。平定了慕容彦超之后，郭威已

经基本确立了自己的权威，成为中原地区的霸主。

外患虽除，郭威的大周内部却接连不断地发生事故。庆州刺史郭彦钦在庆州横征暴敛，激起民变，郭威派保义节度使折从远、宁州刺史张建武前去，很快就平定了庆州的叛乱，并将郭彦钦罢官，才使庆州安定。对郭威产生最大威胁的是他的结拜大哥王峻，王峻因为立下赫赫战功，居功自傲，渐渐不将郭威放在眼里，甚至还要插手朝廷官员的任免，让郭威非常不满，但郭威是一个有情有义的汉子，一直也未能下定决心除掉王峻。更让郭威愤怒的是，就连郭威的养子柴荣想要进入宫中都要经过王峻的同意，郭威对柴荣非常喜爱，在他的儿子们都被之前的开封府尹刘铢杀死之后，更是将柴荣看作自己的接班人。郭威对此忍无可忍，终于爆发，将王峻囚禁。不过最终还是顾念结拜的情分，没有下令处死王峻，而是将他贬为商州司马。

五代壁画

刚刚将王峻贬职，朝廷内部又有一人明目张胆地不服从郭威，这个人叫王殷。王殷坐镇魏州重地，却不保境安民，而是以各种名义搜刮百姓的钱财，郭威几次派人劝阻，他皆不听从。后来驻守镇州的何福进京将王殷做的坏事禀报给郭威，郭威便有了除掉他的心思。之后王殷进京述职，每次出行都带着几百个侍卫，甚至是面见郭威之时都带着侍卫。这导致了郭威的猜忌，深怕王殷会在朝见之时对自己下手，加上郭威此时的身体并不太好，想要给继承人柴荣留下一个稳定的局面，于是决定先下手为强，在一次朝会中拿下王殷，将他流放登州（今山东蓬莱）。不过王殷还未到登州，便被郭威的刺客杀死了。

在这之后，后周就安稳了下来，但郭威的身体越来越不好，知道自己命不久矣。郭威临死之时将柴荣叫到跟前，交代了一下后事，并嘱咐柴荣不要在下葬的时候准备陪葬品。

后周皇陵

周显德元年（954 年）正月，后周太祖郭威病死，谥号为圣神恭肃文武孝皇帝。郭威一生征战打下江山，在做了皇帝之后仍然关心民间百姓的疾苦，使后周的实力迅速增强，百姓安定，在昏君暴君遍地的五代十国时期，郭威算得上是一个名副其实的好皇帝。按照郭威的遗嘱，他的养子柴荣继位，开启了新的篇章。

柴荣堪称五代十国第一明君，只可惜天不假年，东征西伐打下的天下被赵宋继承。

想想·说说

郭威作为原来刘知远手下的大臣，最终却灭亡了后汉，建立后周，这样的行为该如何评价？

五代先后顺序

唐

907 年，朱温废唐哀帝李柷，建立后梁

923 年，李存勖在魏州称帝，建立后唐

936 年，石敬瑭在洛阳称帝，建立后晋

947 年，刘知远称帝，建立后汉

951 年，郭威黄袍加身，建立后周

十国第一人杨行密

除了北方的五代之外，同时期南方还有几个同时并立的国家，接下来我们按照各国建立的时间顺序分别来介绍。说起十国的历史，就不得不提有着“十国第一人”之称的南吴国奠基人杨行密。

杨行密，字化源，年少之时就长得高大魁梧，力气非常大，后来参加了黄巢的起义军，但还未能在起义军中闯出名头，便被大唐俘虏。庐州刺史郑綮见他样貌奇特，勇武不凡，因此起了爱才之心，没有将其砍头，而是放了他。杨行密感念他的宽容，因此加入了庐州军成了一名士兵。但因为他的上司对他非常苛刻，杨行密非常不满，于是将他的上司杀死，接着率领众人夺下了庐州城。

但此时的大唐正因为黄巢起义而焦头烂额，没有时间派兵来讨伐他，于是决定招降，杨行密也知道自己实力弱小，于是答应投降，被大唐朝廷封为庐州刺史。成为庐州刺史之后，杨行密开始默默地积攒自己的实力，唐光启三年（887 年），被大唐招降的原来黄巢起义军的将军毕师铎再次反叛，率军攻打淮南节度使高骈。高骈向杨行密求救，杨行密没少受到高骈的照顾，因此率领几千人去救援高骈，但是还未到达扬州，毕师铎已经先一步攻入了扬州，并将高骈囚禁。杨行密只有几千人，知道强攻一定不成，因此在扬州城外安营扎寨，准备先看一看形势。毕师铎根本就不把杨行密放在眼里，率兵出城来攻打杨行密，杨行密诈败，放弃营寨逃跑，毕师铎的士兵们因为争抢杨行密留下的粮草而发生混乱，杨行密立即回返发动进攻，毕师铎大败，率领残兵败将逃回扬州城内。

焦头烂额

头部和额部被烧焦、灼烂。比喻受到严重打击而惨败，也形容忙得不知如何是好，非常狼狈窘迫。

回到扬州城之后，毕师铎恼羞成怒，将高骈杀死，杨行密听说高骈已死，心中更没了顾忌，率兵进攻扬州西门，毕师铎见大势已去，趁乱逃出了扬州，杨行密得以进入扬州。但此时的扬州城已经被毕师铎搞得乌烟瘴气，城中已

唐代琉璃釉兽头

经断粮好多天，杨行密觉得就算占领了扬州也不过是多了一个累赘，于是跟手下一合计，决定撤出扬州，直奔较为富庶，守军又少的宣州。宣州守将赵锽是一个没有什么本事的草包，杨行密略施小计就将赵锽生擒，然后一刀砍了，可是杨行密还没能高兴几天，就传来了一个不好的消息，他原本的根基之地庐州被孙儒占了。杨行密大怒，召集将领准备攻打孙儒，但被手下劝住，手下都认为孙儒实力强劲应该三思而后行，杨行密最终还是听从了手下的建议，决定在宣州积蓄实力，以备到时候能够将孙儒一举击败。

鎏金铜观音造像

可惜的是孙儒并没有什么经营的本事，名字当中虽然有一个“儒”字，但是其人却一点都不儒雅，而是唐末时候有名的杀人魔王。他只知道烧杀抢掠，却不知保境安民，只是带领着大军坐吃山空，等到粮草耗尽之后便去攻打别的城池，真如蝗虫一般。孙儒很快就吃光了庐州的粮草，又看上了杨行密的宣州，于是发兵来攻，临走时还在庐州城放了一把大火。孙儒率军一路而来，号称五十万大军，沿途烧杀抢掠，真如蝗虫过境一般。其实孙儒

庐州府城隍庙

的军队根本就没有五十万人，并且根本不能称之为军队，大多数都是一些难民，就连手中的武器也大多是木棒之类，简直就是一帮乌合之众。

但不管是不是乌合之众，孙儒的人数的确是杨行密的几倍，杨行密看到宣州城下这么多人一时间有些胆怯，于是召集手下商讨有什么退兵之策。他的谋士戴友规给出了一条建议，就是派兵劫了孙儒的粮草，然后散给扬州城中的百姓。杨行密听了之后很是不理解：劫了粮草之后为什么还要跑那么远发给扬州城的百姓呢？戴友规接着给出了答案："孙儒的手下士兵大多是原来扬州城中的百姓，只是因为扬州城中没有了粮食才不得已跟着孙儒一起来攻打我们，如果我们把粮食送到扬州，那么孙儒手下必定会有好多人返回扬州。"杨行密一听觉得很有道理，依照此计行动，之后果然奏效，孙儒手下出现了许多的逃兵。

如果是精通军事的人，此时一定会加紧保护自己的粮草，但可惜的是孙儒不通军务，手下也没有一个能臣良将，杨行密几次前来都劫走了不少粮草，加上士兵们的消耗，还没有攻下宣州城，孙儒的粮草已经快要吃完了。但孙儒也有自己的办法，那就是抢，于是派出手下马殷、刘建锋去附近的州县筹集军粮。杨行密此时趁机出兵与孙儒决战，出去筹措军粮的马殷、刘建锋还没有回来，孙儒的手下都没能够吃饱饭，饿着肚子与杨行密的大军交战，很快被杨行密的战阵冲散。混战之中，孙儒被杨行密手下的大将田頵生擒，他的部下一看主帅已经被生擒，于是纷纷投降，杨行密将孙儒带回宣州城中，砍下孙儒的人头送到长安。马殷、刘建锋得知了孙儒被杀的消息，带着手下向西逃去。

节度使印章

割据江东

杀掉孙儒之后，杨行密收拢了孙儒的一些部下，兵力大大增强的他不满足于一个小小的宣州，于是顺势率军北上进入扬州，虽然此时的扬州已经被孙儒糟蹋得不成样子，但其战略价值却非常重要，自古以来就是兵家的必争之地。杨行密可不是孙儒那般只知道搜刮百姓的蠢材，进入扬州城后，杨行密开仓放粮，减免税赋，扬州城的百姓非常感激，对杨行密很是拥戴。

晚唐时期的服饰

杨行密杀死孙儒，成为淮南地区最有实力的一支力量，虽然不再受朝廷节制，但此时的大唐朝廷已经无力派兵征讨，只能是选择安抚，任命杨行密为淮南节度使，杨行密也认为此时与朝廷撕破脸皮没有好处，于是接受了朝廷的封赏。成为淮南节度使之后，杨行密觉得在此乱世之中，军队才是第一

晚唐壁画

位的，因此决定提高将士的粮饷待遇，收拢军心，还将孙儒手下的大部分士兵整编，剔除军中老弱，只保留有战斗力的青壮，对于深受战乱的百姓加以安抚，大量开垦耕地，让百姓安居乐业，经济实力大大上升。

实力上升的杨行密此时仍旧觉得自己的地盘不够大，同时对于当年自己发迹的庐州念念不忘，于是率兵攻打庐州，庐州守将蔡俦无力抵抗，又不想投降，于是就在家中自杀了。得了庐州之后，杨行密还不满足，接连对外用兵，周边的节度使们纷纷兵败，杨行密占领了淮南的大部分地区。杨行密在淮南的崛起引来了朱温的忌惮，于是朱温决定敲打一下杨行密，派出手下将领率军南下，结果反被杨行密击败，狼狈地逃回了汴梁。之后兖州刺史朱瑾被朱温击败，朱瑾丢了兖州无家可归，于是率领手下兵士投降杨行密，使得杨行密实力再次大增。

乾宁四年（897 年），朱温不想看着杨行密实力继续上升，派葛从周、庞师古攻打寿州，但庞师古骄傲自大，被杨行密率军在清口击败，然后被杨行密生擒之后斩杀。葛从周见庞师古兵败，率兵北撤，杨行密打算一下把朱温打痛了，于是继续追击，终于在淠河追上了葛从周，葛从周再次大败，领着残兵败将逃走。杨行密击败了强大的朱温的军队，觉得天下英雄不过如此，想要夺取更大的地盘。杨行密打算先会一会占据两浙地区的钱镠，于是派兵占领了昆山。而钱镠并没有将昆山这一小地方看在眼里，他的目标是对于淮南和两浙来说都意义重大的苏州。

两浙是浙东和浙西的合称。唐肃宗时以钱塘江以南划分为浙东，钱塘江以北称为浙西。两浙合在一起大概相当于现在的浙江省。

光化元年（898年），钱镠率领水师陆军来到苏州城下，苏州守将周本出城迎战，与钱镠战于白方湖，战败后撤，钱镠将苏州城围困，苏州刺史台蒙突围逃走，钱镠顺利占领苏州。占领苏州之后，杨行密的昆山已经是瓮中之鳖，最终也被钱镠占领。失去了苏州之地的杨行密不肯甘心，派手下大将李神福前去，让他夺取苏州，而钱镠也派出了手下大将顾全武迎战。这两人都是江南地区赫赫有名的大将，最初交手可谓是互有胜负，势均力敌，李神福早就听说过顾全武的名声，这次一交手就知道他是个劲敌，于是不再硬拼而是示敌以弱，为了引顾全武上当，决定先做出粮草用尽退兵的样子，让老弱先行，亲率精兵殿后，然后秘密地在青山下设下伏兵。顾全武果然中计派兵出来追击，李神福等人立即出兵夹击，大败顾全武，斩杀五千多人，之后将顾全武俘虏。钱镠听到这个消息非常痛心，说道："损失我一员良将！"

现代苏州的相门

大败顾全武之后，李神福率兵来到临安，到了临安城下发现此城守备森严，根本不好攻下，加上之前与顾全武交战已经损失了不少兵力，于是决定撤军，并劝杨行密此时还不宜与钱镠为敌，因为在江北的朱温正虎视眈眈，随时准备伺机南下，杨行密听从了李神福的建议，将顾全武放了回去，与钱镠和解。

打败了钱镠之后，杨行密的威名传遍江南地区，升州刺使冯弘铎因为害怕杨行密吞并自己，于是秘密建造船只，组建水师。组建水师的动静很大，哪里能够逃得过杨行密的耳目。杨行密本来还没想动他，但也觉得如果任由冯弘铎折腾下去的话他迟早能够与自己抗衡，于是下定决心出兵了。杨行密实力强大，兵多将广，很快就将冯弘铎打败，然后将一直对自己

彩绘陶兵马俑

忠心耿耿且能征善战的李神福任命为升州刺史。

天复二年（902 年），朝廷终于承认了杨行密在江南地区的地位，封他为吴王，杨行密终于能与朱温平起平坐了。第二年，朱温率领大军北上进攻凤翔，杨行密觉得有机可乘，于是派兵进攻朱温手下的地盘，朱温因为大军都在凤翔，于是向武昌节度使杜洪许下了不少好处，让他出兵救援。此举令杨行密大怒，杜洪能够当上武昌节度使还是向杨行密借的兵，没想到他转眼就投奔了朱温。杨行密大骂杜洪这个叛徒，索性将目标对准了杜洪，派李神福率领大军进攻杜洪，朱温却是一个没有义气的小人，只是派了很少的军队来支援杜洪，不过

与杜洪相邻的荆南节度使成汭却非常够意思，亲自率领十万大军来支援杜洪。可惜成汭虽然够义气，但却没什么本事，十万大军被李神福全歼，手下的地盘也被前来趁火打劫的王建占领不少，老窝江陵又被贞军节度使雷彦威占了，成汭无家可归，一时想不开投河自尽了。

这边杨行密正与杜洪、成汭等人打得不可开交，在后方坐镇的大将、曾经跟着自己一起打天下的宁国节度使田頵居然叛变了，趁着李神福不在的时候占领了升州，杨行密决定暂时放过杜洪，先率军回去平定田頵。李神福与杨行密归来，田頵知道李神福的本事，自知不是李神福的对手，于是用李神福的老婆和儿子威胁，让李神福跟着自己一起造反，但李神福对杨行密忠心耿耿，狠心下令进攻。田頵战败，领着残兵败将北逃，不过却被杨行密围堵，再次被杨行密击败，然后被杨行密下令处死。

唐代青瓷凤首壶

杨行密这边刚刚平定了叛乱，北上围攻凤翔的朱温回来了，派朱友宁率领大军进攻青州，占领青州的王师范不敌，向杨行密求救，杨行密正因为杜洪投靠朱温而不满，于是派手下大将王茂章率领大军前去救援。朱友宁因为刚刚大败王师范正志得意满，对名不见经传的王茂章非常轻视，但他很快就笑不出来了，王茂章利用了朱友宁的轻敌心理，先是示敌以弱，吸引朱友宁来攻，朱友宁果然上当，只率领了几千人追击。王茂章预先设下的伏兵趁机杀出，将朱友宁的几千人包围，朱友宁大败，率兵突围，但最终还是王茂章追上杀死。朱友宁是朱温的亲侄子，收到朱友宁被杀的消息之后朱温勃然大怒，亲自率领号称二十万（其实也就不到五万人）的军队进攻王茂章，但又被王茂章击败，朱温因此收起了对于杨行密的轻视，决定暂时退兵，不再敢轻举妄动。

黄釉武士俑

朱温不敢再来招惹杨行密，杨行密就趁机稳定内政，然后要去解决之前因为田頵叛乱而放过的杜洪这个叛徒，天祐二年（905 年），杨行密派刘存攻鄂州，杜洪此时没有了朱温的支援只能固守，但他最终也没能守住，城破之后被杀。终于将背叛自己的人全部杀死，杨行密心中有些快慰，但他的身体却是因为连年的征战已经撑不住了，在这一年的十一月，号称十国第一人的杨行密因病去世，将打下的江山留给了自己的后代。

想想·说说

杨行密不承认朱温建立的后梁，是不是真的因为对大唐忠心呢?

杨渥登场

杨行密去世之后，他的长子杨渥继承了王位。杨渥上任之后的第一件事就是下令处死周隐，为什么要处死周隐呢？因为周隐在杨行密立遗诏的时候，曾经劝过杨行密不要让杨渥继承王位，而建议他把王位传给与周隐关系更加亲近一些的刘威。

晚唐白釉穿带瓶

周隐也是个看不清大局的人，杨行密辛辛苦苦打下来的江山，怎么会因为别人的一句话就拱手送给外人呢？不管自己的孩子有多么不好，最终都还是要留给自己的孩子的，这都是人之常情，不然古代怎么会有那么多死前托孤的事情，不都是因为想要把王位留给自己的儿子们，不然随便在群臣当中找一个继承者不就行了。就这样，杨渥上任的第一件大事，就是杀了周隐为自己狠狠地出一口恶气。

借着杀死周隐立威之后，杨渥开始培养忠于自己的势力，

古代扬州城楼模型

任用新人，并打算将徐温、王茂章等一干大臣从军政大臣中排除出去，可惜的是杨渥水平不高，任用的亲信们也都争不过徐温这些老油条，尽管如此，杨渥还是不把当年跟杨行密一起打江山的老一辈放在眼里，生活还非常的奢侈，经常出去游玩作乐，这就使吴地境内的权力都把持在徐温等人的手里。杨渥听说王茂章的宣州有不少的宝贝，于是下令宣州观察使王茂章把宝贝献上来，但王茂章觉得就算把东西交出去也是让杨渥白白糟蹋，没有听从杨渥的命令。

杨渥因此大怒并下令剥夺王茂章的兵权，王茂章是当年跟随过杨行密的老将，什么时候受过这种气，上书大骂杨渥："先王从起兵到打下这一片江山用了二十年的时间，现在江

扬州瘦西湖

东虽然实力不弱，但周边还有许多强敌，少主不应该耽于享乐，应该励精图治，增强自己的实力，如果你继续这个样子，我看迟早会被别人灭掉。况且我很早就跟着先王出来打天下了，你算老几？还要拿走老子的兵权！”王茂章这一番痛骂让杨渥大怒，下令马步都指挥使李简带五千精兵去攻打宣州，王茂章一看杨渥竟然动真格的，知道自己如果举兵造反的话不会有胜算，于是带着自己手下的兄弟北上投奔杨行密的对头朱温。

王茂章不战而逃让杨渥气焰更加嚣张，觉得老将们也不过如此，连打都不敢打就逃了，更加不把老臣们放在眼里，打算再干出点大事来震慑一下老臣们，免得他们干预朝政，对自己指手画脚。

正巧占据洪州（今江西南昌）一带的镇南军节度使钟传病死，他的儿子钟匡时继任，钟传的养子钟延规不满，投降了杨渥，杨渥决定拿钟匡时开刀，派手下大将配合钟延规进攻洪州，把钟匡时俘虏。杨渥宣布自己是新任的镇南节度使，江西一带归自己统领。

徐温专权

接连打了两场胜仗，让杨渥更加得意忘形，觉得到了对徐温等人动手的时机，但徐温、张颢两位老臣提前察觉，两人决定先下手为强，就派人请杨渥手下的三员大将朱思勍、范师从、陈璠喝酒，这三人是杨渥的心腹，徐温二人在宴会当中设下伏兵把这三人杀了。杀了这三人之后，徐温、张颢把杨渥的亲信全部杀死，然后将杨渥囚禁。后来两人又觉得光是囚禁心里不踏实，派出刺客把杨渥杀死，然后立杨渥的弟弟杨隆演为吴王，但杨隆演手中没有兵权，文官们也都聚集在徐温的身边，因此南吴的大权一直被徐温所掌握。

扬州何园

将这一切看在眼里的张颢非常不满，发现杀了杨渥之后自己并没有得到什么好处，反而文武大臣们都去拥戴徐温了，于是准备派刺客暗杀徐温，但徐温也是一个老奸巨猾的人物，还没等张颢动手，徐温已经派兵攻入了张颢的府中，把张颢杀死

三彩武士俑

了。徐温就这样轻而易举地将自己的大敌除掉了，此后徐温进一步攫取权力，吴国内部的大小事务都归徐温处理，根本就没有杨隆演什么事。

徐温执掌大权之后，努力推行改革，废除之前不合理的政策，得到了百姓的拥戴，淮南局势日趋稳定，不再遭受战乱之忧。不过徐温虽然得到了百姓的拥戴，但吴国境内的大将却有不少不服他的，尤其是当年跟随过杨行密的旧臣。其实这些旧臣也未必是真的忠心于杨氏一族，只不过是对在上面发号施令的徐温不满罢了。

抚州（今江西抚州）刺史危全讽是第一个跳出来反对徐温的人，危全讽是原来的镇南军节度使钟传的老将，当年被杨渥派兵击败，归顺于吴国，但这个时候危全讽看踩在自己身上发号施令的不是杨渥，而是徐温，心中便有些不满。他对徐温了解不多，也不知道徐温的厉害，于是在后梁开平三年（909 年）自立为镇南军节度使，宣布自己有权继承钟传的领地，并联络了袁州（今江西宜春）刺史彭彦章、吉州（今江西吉安）刺史彭玕和信州（今江西上饶）刺史危仔倡起兵造反，准备收回当年钟传的故地。驻守在洪州的刘威向扬州方面请援，杨隆演对政事一窍不通，听说有人作乱一时间慌了神，忙问徐温应该派谁去平乱，徐温到底是经过大风大浪的人物，先是安抚了杨隆演，然后命令杨行密的旧将周本前去平叛。

南吴一直不承认朱温建立的后唐，因此一直沿用唐朝的年号，这就导致南吴国没有自己的年号，此处为了统一，没有自己年号的国家用中原地区国家的年号，而没有用唐朝的年号，大家能知道是公元哪一年即可。

周本虽然败在过钱镠的手下，但危全讽不是钱镠，没过多久危全讽就在象牙塘（今江西南昌南）被周本击败，危全讽本人也被生擒到了扬州，因为危全讽曾经救过杨行密一次，加上徐温也觉得这样的人物对自己造不成什么威胁，所以决定把他放回去，江西地区因此安定。

不过令徐温没有想到的是，自己平定危全讽的叛乱并没有震慑住群臣，很快就又有人跳出来挑战他的地位，此人名叫李遇，算是最早跟在杨行密身边的老臣，资历比徐温还要老。但这个老人空有资历，没有什么能力，更没有什么人拥戴他。徐温也是一个狠心的人，直接派跟自己关系不错的柴再用去把李遇的小儿子抓来，李遇非常疼爱自己的这个小儿子，徐温用他来威胁李遇真是拿住了李遇的七寸。果然，李遇服软了，上书说愿意听从徐温的调遣，但徐温却比他想象的要心狠手辣得多，

现代人仿制的五代十国时期的兵器

下令诛灭了李遇一族，这样的手段终于震慑住了一干老臣，将他们治得服服帖帖。

摆平了一干老臣之后，徐温开始培养忠于自己的嫡系，培养嫡系势力首选是什么？当然就是自己的儿子们。于是徐温大手一挥，把包括养子在内的七个儿子徐知训、徐知询、徐知诲、徐知谏、徐知证、徐知谔、徐知诰全部提拔到很高的职位，这七个儿子之中以徐知诰最有能

南京秦淮河

力，他是徐温的养子，也是后来的南唐开国皇帝李昪。徐温命他坐镇金陵，徐知诰在金陵的时候劝课农桑，减轻老百姓的赋税，将金陵发展成为淮南地区仅次于扬州的第二大城市，不仅如此，徐知诰的手下还聚集了一大批的文武贤才，是徐温的儿子当中最出色的一个。

到了后梁乾化三年（913 年），吴越王钱镠派兵进攻吴国的常州，徐温为了震慑钱镠，

杭州钱王祠经幢

亲自率领大军前来与吴越军交战，他一面正面强攻吸引住敌人的注意力，一面暗地里派出一支精锐部队绕到了吴越军的后方，前后夹击杀得吴越军队大败，差点就把吴越军队主将、吴越王钱镠的三个儿子生擒。这一战让钱镠惊出一身冷汗，再不敢来招惹徐温。

这个时候当上了大梁皇帝的朱友贞也想试试徐温的能力，于是派手下大将王景仁南下。这王景仁是谁呢？他就是当年与杨渥不和被杨渥逼走的王茂章，到了朱温那里之后改了个名字叫王景仁。王景仁这次回来是准备报仇的，可惜把他逼走的杨渥已经死了，于是准备把一身的怨气撒在徐温的头上，但徐温就是好惹的吗？人家徐温根本就没有看得起王景仁，只是派手下朱瑾去打发他。王景仁和朱瑾在霍邱（今安徽霍邱）相遇了，王景仁带来的后梁士兵不善水战，被朱瑾揍了个屁滚尿流，撤回开封去了，一看王景仁败了，朱友贞也没有怪罪他，把南下占领淮南的想法抛在了脑后。

接连打退了大梁和吴越的进攻之后，徐温在吴国内部的威望更高，后梁贞明元年（915年）

八月，杨隆演册封徐温为齐国公、两浙招讨使，此时的徐温在吴国境内可以说算得上是最有权势的人了。徐温实力越来越强，他手下的儿子们地位也随之上升，长子徐知训更是把自己当作未来的皇帝，不仅是朝中的大臣，就连杨隆演也经常被徐知训欺负。要么说小人得志呢，徐知训是一个十足的蠢货，他的老子徐温还没当上皇帝呢，何况是他，这样的骄横跋扈终于引来别人的不满。

最不喜欢徐知训的就是前不久打败过王景仁的朱瑾，朱瑾曾经在杨行密的手下做过事，臣服于徐温也是因为徐温有过人之处，但对于徐知训他就没有那么多恭敬了。后来朱瑾和徐知训因为一点小事吵了起来，徐知训骄横惯了，对于不给自己面子的朱瑾怀恨在心，派出了

古扬州城城墙遗址

几个刺客去刺杀朱瑾。朱瑾也是刀山火海里边闯过来的人物，直接把徐知训派来的刺客就给剁了，但剁了刺客之后朱瑾怎么也咽不下这口气，打算干一票大的。

梁贞明四年（918 年）七月的一天，朱瑾派人去请徐知训喝酒，要么说徐知训是一个蠢货呢，两个人关系这么差，去喝酒也不多带上几个保镖，结果徐知训刚到了朱瑾的府上，就被朱瑾给绑了，教训了几句之后，朱瑾直接一刀砍下了徐知训的人头。这还不算完，朱瑾带着徐知训的人头去献给杨隆演，打算说服他跟着自己一起对付徐温，但这时候的杨隆演早就被徐温整治得服服帖帖，没有一点对付徐温的念头，还说："你自己愿意送死，不要拉我一起下水，日后如果徐温问起来，我不会为你遮掩这件事。"

五代十国时期双人俑

朱瑾听到杨隆演这样的话大骂道：“你老爹怎么生了你这样的一个儿子，想你老爹英雄一世，到头来他的儿子竟然如此贪生怕死，一点血性也没有！”事后不久，徐温就知道了这件事，立即派亲兵来捉拿朱瑾，朱瑾想要带着士兵们一起造反，但士兵们都知道徐温的手段，不愿意跟着朱瑾一起送死，朱瑾只能带着一部分忠于自己的亲兵跑路，但还没有跑出去多远，就被徐温的亲兵追上，朱瑾知道自己跑不掉，拔剑自杀了。虽然朱瑾已死，但他的亲族还在，徐温就下令把忠于朱瑾的亲兵和亲族全部处死，然后派徐知诰坐镇扬州。

唐三彩凤首壶

就这样又过了两年，一直受徐温摆布的杨隆演因为长期的心情郁闷去世了，徐温拥立杨行密最小的儿子杨溥继位，徐温继续主持吴国内部的军政，但几年之后他的身体已经不太好了，有了确立继承人的心思。本来养子徐知诰是一个非常不错的选择，他能力出众，又有文臣武将聚集在他身边，但最让徐温犹豫的一点是，他毕竟只是一个养子，在亲儿子还在的情况下，谁会想着去让一个养子成为自己的继承人呢。徐温虽然是一个枭雄，但也舍不得就这样让自己辛辛苦苦创下来的基业留给了外人，因此听从了手下大臣徐玠的建议，打算立自己的二儿子徐知询作为自己的继位者。但可惜的是徐知询也是一个蠢货，比他那个骄横跋扈的大哥强不了多少，根本不会笼络人，手底下也没有什么能臣，察觉到徐温动作的徐知诰根本不把自己的这位二哥当作对手。

南唐陶文吏俑

徐知诰唯一担心的，就是徐温这个掌握了吴国二十多年大权的人对自己动手，不过徐知诰的运气非常好，徐温还没有来得及对他动手，就突然发病去世了，吴国的大权落在了徐知诰的手里。徐知诰虽然执掌大权，但一直对徐知询这个二哥有忌惮之心，于是逼迫杨溥下令以谋反的罪名把徐知询关了起来。徐温剩下的几个儿子中，老六徐知谔跟徐知浩关系不错，老四徐知谏已经病重，老三和老五只知道吃喝玩乐，根本对徐知诰造不成威胁，徐知诰因此独揽了吴国的大权。

又过了几年，936 年杨

金陵第一园

溥封徐知诰为齐国公。徐知诰的野心也进一步增加，不甘心只做一个幕后的操控者，终于在第二年下定决心废掉杨溥，自立为皇帝，建立大齐国。徐知诰建立大齐不到一年，原来的吴王杨溥就在扬州去世了。号称十国第一人的杨行密建立的南吴国正式结束。

想想·说说

徐温一直把持着南吴的朝政，为什么没有选择废掉南吴的皇帝自己称帝呢?

志大才疏的南唐中主

徐知诰建立大齐之后没有几年，觉得还是恢复自己本来的姓氏最好，他本来姓什么呢，姓李，改名李昪。然后徐知诰觉得既然名字都改了那国号也就不必叫什么大齐了，宣称自己是原来大唐朝的后代，将国号改为唐，定都金陵。不过他的这个唐根本就和大唐没有什么关系，他本人也不是什么大唐皇室的后裔，又因为李存勖已经建立了一个唐，为了加以区别，一般将李昪建立的唐称作南唐。

南唐前祖李昪

建立南唐之后，李昪继续实行休养生息的政策，使南唐成为当时江南地区最富强的国家，而与五代十国其他的统治者不同的是，李昪非常注重文化教育的发展，之后的南唐统治者也是如此，因此南唐算得上是五代十国时期文化发展的一个中心。其中最具标志性的事件就是在昪元四年（940 年），

白鹿洞书院大门

李昪在庐山白鹿洞建立了“庐山国学院”，招揽天下贤才来书院讲学，这一学院是后来中国古代非常著名的白鹿洞书院的前身，白鹿洞书院是和岳麓书院、嵩阳书院、应天书院齐名的中国古代四大书院，为之后宋朝文化的繁荣奠定了重要的基础。

李昪虽然注重文化事业的发展，但也不是没有野心的，在国家富强之后，李昪也想扩大一下自己的地盘，于是把目光放在了中原，此时的中原地区正处于石敬瑭建立了后晋没有几年的阶段。正巧石敬瑭手下的安州（今湖北安陆）节度使李金全因为不满石敬瑭下令让别人来代替自己，选择了向李昪投降。李昪正想碰一碰石敬瑭，看看他手下的军队战斗力如何，于是派兵前去接应李金全。石敬瑭虽然认贼作父，向契丹人称臣，为人所不齿，但手下还是有不少能征善战的武将的，李昪的南唐军在安州遭遇大败，奉命出战的南唐鄂州指挥使李承裕被后晋军队活捉，不过石敬瑭也没有全面进攻南唐的打算，只是要教训一下李昪，让他不要对自己动心思，之后又将李承裕放了回去，表示自己的诚意。李昪遭遇了这一次失败，

韩熙载夜宴图

不敢再小瞧石敬瑭，两边息兵罢战。之后的李昪收起了自己的野心，专心发展南唐境内的经济和文化，使南唐经济实力更加强盛。在南唐经济实力上升的同时，李昪的身体却越来越不好了。

像许多的古代皇帝一样，李昪竟然有了长生的想法，在南唐境内招来了一些道士，给他炼制长生丹药，但这世上哪里有什么长生丹药呢，李昪吃了几颗道士们炼制的丹药之后病反而更严重了。到了昇元七年（943 年）二月的时候，李昪觉得自己的身体撑不住了，就把早已经立为太子的长子李璟叫来，交代一下后事，他对李璟说道："不要想着去开疆扩土，能够守好我给你打下的江山，保护好境内的百姓就可以了。"交代完后事没有多久，李昪就去世了。

李璟按照李昪的遗诏继承了南唐皇帝的位置，不过李璟却没有把李昪死前的遗言听进去，觉得自己的能力不错，国家也实力强大，开疆拓土应该是手到擒来的事情。虽然在是否扩大地盘的这一点上李璟没有听从李昪的意见，不过与李昪相同的一点是，李璟非常注重文化的发展，甚至他本人也是一个非常不错的词人，其中他留下的一首《摊破浣溪沙》可谓是千古绝唱。

摊破浣溪沙

菡萏香销翠叶残，西风愁起绿波间。
还与韶光共憔悴，不堪看。
细雨梦回鸡塞远，小楼吹彻玉笙寒。
多少泪珠何限恨，倚栏干。

不过相比于他的父亲李昪，李璟对于开疆拓土要热衷得多，巧的是，真就有一个扩大地盘的好机会摆在了李璟的面前。与南唐的领土接壤的闽国发生了内乱，闽国大臣连重遇、朱文进合谋杀死了闽

福州西禅寺五百罗汉堂

国皇帝王继鹏，拥立王继鹏的叔叔王延羲为皇帝。但是王延羲即位之后，比王继鹏更加暴虐，他的弟弟、建州刺史王延政多次劝他应该施行仁政，但王延羲根本听不进去，还派兵攻打建州，两兄弟开始连年交战，使闽国国力下降，民心不稳。

王氏兄弟内乱的消息最终传到了李璟的耳朵里，他觉得这是一个好机会，于是派大臣查文徽带兵去攻打建州，王延政此时正在攻打王延羲的福州，便趁机欺骗福州城的守将说南唐是他请来的援军。福州城内部因此陷入了混乱。连重遇、朱文进觉得王延羲有了杀害自己的心思，于是决定先下手为强，杀死了王延羲，逼迫手下死守福州城。但他们的部将听信了王延政的话，以为南唐军队真的是王延政请来的援军，觉得福州城必定守不住，于是杀了连重遇、朱文进两个，开城向王延政投降。王延政进入福州城后，马上召集军队准备抵御查文徽的进攻，留下他的侄子王继昌镇守福州，自己则是回到建州支援。

但是令王延政没有想到的是，他刚刚离开福州，王继昌手下的大将李仁达就发动叛乱，杀死了王继昌，占据了福州。而回到建州支援的王延政在南唐军队强大的攻势下也没有能支撑多长时间就被打败，查文徽按照李璟的吩咐没有杀掉王延政，而是把他送到了南唐的都城金陵，闽国就此灭亡。闽国虽然被灭，但真正被李璟控制在手里的地盘只有原来王延政的建州，李璟觉得自己花费了这么大的力气只得到建州这一块地盘远远不够，于是下令李仁达把福州交出来，然后许给了李仁达一个大官，让他到金陵做官。

但李仁达可不是傻子，怎么会把自己拼命打下来的地盘交出来，而且若是手中没了兵权，到了金陵之后还不是任由李璟摆布，于是选择抗命。李璟大怒，继续向查文徽增派兵力，

讨伐李仁达。李仁达知道抵抗不了，于是向后晋石重贵称臣，请求石重贵派兵支援，但后晋与福州相隔万里之遥，中间还隔着南唐，根本无法出兵支援。李仁达于是向与南唐相邻的吴越国称臣，还给吴越国王钱弘佐送去了不少财物，请求钱弘佐派兵支援。收了钱的钱弘佐当然乐意出兵，而且吴越国与南唐本来就有仇怨，不愿意看到南唐的地盘再扩大下去。很快吴越国与南唐的军队相遇了，南唐军队大败，领兵的陈觉、冯延鲁、魏岑等人，也差点被活捉，李璟大怒，下旨革了陈觉的官职，但也不能拿钱弘佐、李仁达怎么样，李璟的这次出兵灭闽

重屏会棋图

用了很大的力气，但只得到了建州这一点点的好处让他很是郁闷。

不过李璟的运气还真的是不错，又有一个开疆拓土的机会砸在了他的身上，保大八年（950年），与南唐西方相邻的楚国发生内乱，马希萼杀了他的哥哥楚王马希广，又派人与李璟联系，准备向李璟称臣来换取南唐军队的支援。李璟自然是十分高兴，派信州刺史边镐领兵去支援马希萼。但还没等到边镐到来，马希萼就被手下大将徐威杀了，徐威还拥立马希萼的弟弟马希崇为楚王。不久后，边镐终于率领大军到来，趁着楚人内乱的机会，攻破了楚国的都城潭州（今湖南长沙），然后把马希崇一家子也送到了金陵（和王延政的下场一样），楚国就此灭亡。

这次打下楚国，让李璟很是兴奋，觉得自己有一统天下的实力，不过很快他就不再兴奋了，南唐的军队因为在楚国烧杀抢掠，引起了楚国百姓的愤怒，辰州（今湖南阮陵）刺史刘言趁机起兵，利用楚国百姓的支持，把边镐和南唐的军队赶出了楚国境内。不仅如此，南汉的皇帝刘晟也趁火打劫，占领了原来楚国的很大一部分地区，李璟刚刚打下来的楚国还没有捂热乎就又给弄丢了。又一次的失败让李璟更加愤怒，准备调集军队进攻刘言夺回失地，但后周皇帝柴荣的南征让李璟再也没有机会向外出兵了。

楚国的货币——天策府宝

保大十三年（955年）十一月，柴荣下诏进攻南唐，李璟手下能征善战的将军只剩下了驻守寿州的老将刘仁赡一个，在后周南征的战争中，后周军队仅仅在攻打刘仁瞻的寿州之时遇到过麻烦，除了刘仁瞻，其他的南唐军队全都被柴荣击败。刘仁瞻病逝之后，南唐再无可堪大用的将领，最终紫金山一败，南唐的主力被后周全歼，李璟手下再无可用之兵。李璟不得已向柴荣称臣，削去帝号，改用后周年号，只称自己是南唐国主，再不敢称自己为皇帝，然后割让了长江以北的大片地区给柴荣，并约定每年都向后周进贡价值百万的财宝和粮食。

南唐侍女陶俑

想想·说说

李璟灭掉了闽国和南楚，是依靠自己本身的能力吗?

一代词宗李煜

在李璟向柴荣称臣之后，南唐的实力一日不如一日，李璟最后也在忧愤当中死去。李璟死后，他那文采斐然的儿子李煜继位。其实李煜根本就不想当什么皇帝，他的心思也不在处理国家的朝政之上。本来李璟也没想让李煜继承南唐，他知道自己这个儿子的想法，

李煜

但最后立其为继承人也是不得已的事，谁让李煜的哥哥李弘冀早早地就死了，就这样，在李煜一肚子的不情愿中，李璟把李煜立为太子。李璟立了太子没有多久，就因病去世了，给李煜留下了孱弱的南唐。

严格来说，李煜对百姓还是非常不错的，他在位期间，多次减免百姓的赋税，但除了这些，李煜的心思更多还是放在了自己的诗词和书法上。从皇帝的角度

李璟陵墓——顺陵

上来讲，李煜并不是一个合格的皇帝，但是从文学的角度上来讲，李煜可以算作一代宗师了。史书记载李煜“善属文，工书画”。说他作词作诗很好，书法和绘画也非常棒，要是搁到现在，一个艺术家的称号是怎么也跑不了的。但可惜李煜生在了五代十国那个多战乱多枭雄的年代，最后落了一个灭国被俘的下场。

李煜前期的词作多写宫廷享乐生活，风格柔靡，如《浣溪沙》：“红日已高三丈透，金炉次第添香兽，红锦地衣随步皱。佳人舞点金钗溜，酒恶时拈花蕊嗅，别殿遥闻箫鼓奏。”这首诗描写的是李煜与后宫妃子嬉戏玩乐的场景。直到宋开宝八年（975 年），李煜一家被俘虏到开封之后，李煜的词风大变，多是描写自己对故国的怀念，抒发自己的郁闷感情。李煜一生留下了许多脍炙人口的诗词，不过其中最有名的还是那首让李煜丧了命的绝命词——《虞美人》，其全词如下：

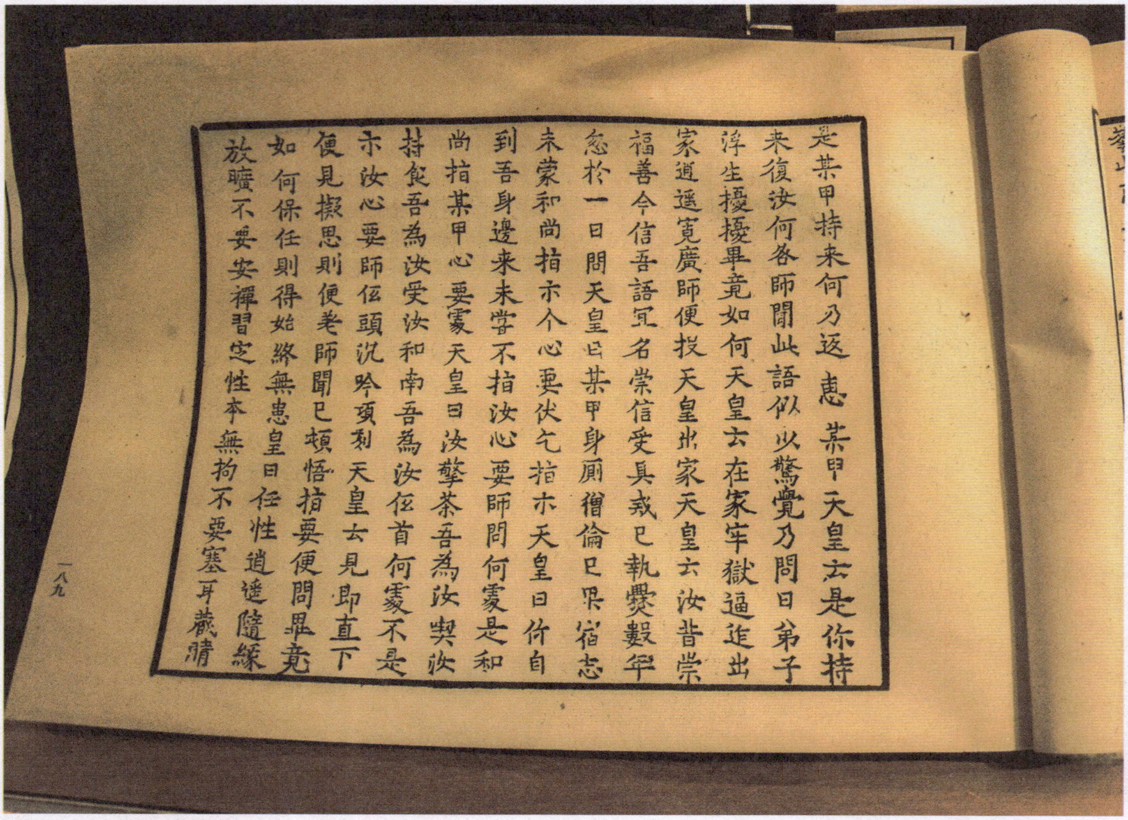

是某甲持来何乃返患 某甲天皇云是你持
来復汝何咎師聞此語似以驚覺乃問曰弟子
浮生擾擾畢竟如何天皇云在家牢獄逼迮出
家逍遥寛廣師便投天皇出家天皇云汝昔崇
福善今信吾語冥名崇信受具戒已執爨數年
忽於一日問天皇曰某甲身厠僧倫已累宿志
未蒙和尚指示个心要伏乞指示天皇曰你自
到吾身邊来未甞不指汝心要師問何處是和
尚指某甲心要處天皇曰汝擎茶吾為汝與汝
持食吾為汝受汝和南吾為汝低首何處不是
示汝心要師低頭沉吟頃刻天皇云見即直下
便見擬思則便差師聞已頓悟指要便問畢竟
如何保任則得始終無患皇曰任性逍遥隨緣
放曠不要安禪習定性本無拘不要塞耳藏睛

一八九

南唐静、筠二禅僧编著《祖堂集》

“春花秋月何时了，往事知多少。小楼昨夜又东风，故国不堪回首月明中。 雕栏玉砌应犹在，只是朱颜改。问君能有几多愁，恰似一江春水向东流。”

在写完这首之后不久，李煜便被宋太宗赵光义用一杯毒酒给毒死了，让人同情叹息。

想想·说说

如果李煜没有成为亡国的皇帝，他还能够写下后来名传千古的诗词吗？

一剑霜寒十四州

“赵钱孙李”是宋代所编纂的《百家姓》当中的前四个姓氏，许多人会好奇这个排列顺序是根据什么而来的。其实《百家姓》当中的姓氏排列并不是按照人数多少来排列的，而是根据宋朝当时的社会地位来排列的。因为赵是宋太祖的姓氏，因此在宋朝人编纂《百家姓》的时候，把“赵”列在第一位，那么第二位的“钱”呢？这就是我们接下来要讲到的吴越国国主的姓氏。在宋太宗赵光义一统天下的过程中，当时吴越国的国王钱弘俶为了避免发生战争，主动把自己的国土并入大宋，被赵光义封了很大的官，因此百家姓排在第二位的姓氏是“钱”姓。

《百家姓》前 32 姓氏

吴越国占据了相当于现在的江浙地区的疆土，杭州是吴越国的首都，它的建立者是被赞为“一剑霜寒十四州”的钱镠，就是我们在讲杨行密的时候，从杨行密手中抢到了苏州的那个钱镠。

唐宣宗大中六年（852 年），钱镠出生在一个不算富裕的家庭，长大之后为了生计还贩卖过私盐（跟黄巢、王仙芝很像），在江湖流浪期间学了不少武艺，身体也比较强壮，之后正赶上黄巢起义，钱镠有一身好武艺，决定投身军营好建

献钱尚父

贵逼人来不自由，龙骧凤翥势难收。
满堂花醉三千客，一剑霜寒十四州。
鼓角揭天嘉气冷，风涛动地海山秋。
东南永作金天柱，谁羡当时万户侯。

立一番功业。唐僖宗乾符二年（875 年）五月，浙西狼山（今江苏南通狼山）镇遏使王郢造反，浙西临安石镜镇守将董昌招募壮士入伍，钱镠就前去投奔，在跟着董昌征战的过程中屡立战功，被董昌任命为副手。钱镠非常勇武，曾经带着二十几人就敢埋伏偷袭黄巢的几万大军，更厉害的是，钱镠还一阵冲杀之后安全地撤退了，这让钱镠名声大涨，很多江湖上的好汉听说了钱镠的威名，都投奔到他的麾下。

▲钱王祠

杭越之战

之后董昌的实力越来越壮大，带兵杀入了杭州，自封为杭州刺史，钱镠也因功被董昌封为都指挥使。但是杭州是富庶之地，不只董昌看上了这个地方，浙东观察使刘汉宏也相中了这里，于是派他的兄弟刘汉宥率领两万精兵进攻杭州。董昌这人没有什么本事，觉得应该直接投降，到刘汉宏手底下混口饭吃，但钱镠却不同意，安慰董昌说道："大哥放心，有我在，杭州一定可以保全。"于是带领手下不足一万人出城迎战去了。

钱镠带兵雕塑

正巧老天也帮着钱镠，出兵之时正好赶上大雾，趁着这大雾的天气，钱镠带着手下兄弟偷偷摸到了刘汉宥的营地。之后兵分两路一路直冲进敌军大营，另一路在四周放火，还在睡梦当中的刘军大乱，被

钱镠铁卷

钱镠一个突袭杀死不少人，许多刘军士兵还没来得及拿到兵器就被钱镠杀死。刘汉宥也是一个草包，受到突袭之后首先想到的不是组织防御，而是带着亲兵跑了，刘军的士气更加低落，有的趁乱逃走，有的被钱镠当场斩杀。刘汉宏收到战败的消息之后大怒，又派出七万大军前来，大军共分四路，被钱镠各个击破。刘汉宏也是一个蠢货，七万大军若是一齐前来，钱镠就算能够击败，也必定会损失不少，哪会被钱镠轻易击败。

接连两次失利之后，刘汉宏不敢再小瞧钱镠，心中却总也咽不下这口气，同时也是不想放弃杭州这块地方，于是重新集结兵力，在中和三年（883 年）三月再次召集了十万大军，打算一举击溃钱镠。但这次钱镠却不再打算被动防御了，在探知刘汉宏调动大军的动向之后，他抢先出击，在刘汉宏军队还没做好战斗准备之前渡江突袭，放火烧了刘汉宏十几处营寨。刘汉宏听说钱镠竟敢出兵过来，亲自到前线督战，发誓要生擒钱镠，但他的这个誓言未能实现，反而是中了钱镠的调虎离山之计，被钱镠牵着鼻子走。钱镠先是在刘汉宏境内乱窜，攻下了几处县城，然后在刘汉宏调动了军队前来之时，舍弃占领的县城，直扑刘汉宏的营寨。

调虎离山之计

三十六计之一，设计让老虎离开原来的山头。比喻用计谋引诱对方离开原来有利的地势。

各个击破

各个，逐个；击，攻。指利用优势兵力将被分割开的敌军一部分一部分消灭。有时也比喻将问题逐个解决。

刘汉宏的营寨此时兵力空虚，根本无力抵御钱镠的大举进攻，只能留下营寨中的士兵断后，自己带着亲兵狼狈地逃回越州（今浙江绍兴）。回到越州之后，刘汉宏派出越州精锐“排门军”去堵截钱镠的撤退之路，但最终还是失败。刘汉宏虽然三战全败，但却有着一种屡败屡战的精神，十月，亲自率领十万大军再次前来，准备在西陵（今萧山西兴）与钱镠决一死战。但此时的钱镠军队士气正盛，强逼刘汉宏陆战，双方从中午杀到半夜，刘汉宏再次大败，为了逃命换上了伙夫的打扮，狼狈逃走。第二天，刘汉宏重整军队，收拢残兵共集结了四万人，准备一雪前耻，但是败军之将哪里还

钱镠雕像

钱塘江

有什么士气可言，被钱镠一击而溃，刘汉宏为了活命，一个人骑着战马从小路逃走奔往台州（今浙江台州）。钱镠趁势占领了越州，杀了刘汉宏在越州的一家老小。

这几次与刘汉宏的交战，算是打出了钱镠的威风，江南地区都知道有了这么一号人物。刘汉宏逃到台州之后，本来还打算召集士兵东山再起，但台州刺史杜雄趁此机会落井下石，直接把刘汉宏绑了，送到越州给钱镠做个人情。刘汉宏被绑到越州之后，钱镠亲自挥刀砍下了刘汉宏的人头。就这样，对杭州威胁最大的势力被消灭，更关键的是钱镠得到了大唐朝廷的承认，虽然此时的大唐已经威严不再，但名义上正统对钱镠来说还是非常必要的。光启三年（887 年）春，唐僖宗封钱镠为杭州刺史，封董昌为越州观察使，钱镠终于有了一块自己的根基之地。

占领两浙

成为杭州刺史之后，钱镠开始渐渐有了自己的野心，觉得杭州这一块地盘太小，于是一方面对百姓实行休养生息的政策，同时扩充自己的军队，另一方面密切关注局势，寻找着扩张自己地盘的时机。

没有多久，钱镠便等来了这个机会，浙江西道、淮南道先后发生兵变，镇海节度使周宝被手下的大将刘浩、薛朗驱逐，无家可归的周宝只能带兵跑到了常州。钱镠得知了这个消息之后，觉得这是一个非常好的机会，于是派手下大将杜棱等人进攻常州，周宝此时手下根本就没有多少可用之兵，钱镠很快便攻下了常州。攻下了常州之后，钱镠并没有杀掉周宝，反而是对周宝多加礼遇，不过周宝身体一直不是很好，加上遭遇属下的背叛，接着

杭州保俶塔

苏州留园

又被钱镠攻占常州，一生气得了重病，没有几天就死了，钱镠因此名正言顺地占领了常州。

之后钱镠以替周宝报仇为名，发兵进攻背叛了周宝的刘浩所占据的润州，刘浩本身并没有多大本事，三下五除二就被杜棱击败，跟刘浩一起反叛周宝的薛朗被活捉，刘浩比较机灵，见势不妙直接跑了。钱镠将俘虏的薛朗带到了周宝的墓前，挖出了薛朗的心肝来祭奠周宝，以此来收买原来周宝部将的忠心。

不过这还不算完，拿下了润州之后，钱镠就把目标放在了占据了苏州的原六合镇守徐约身上，苏州是当时的江南大城，具有非常重大的战略意义，自古以来就是兵家的必争之地。唐文德元年（888 年）九月，钱镠派自己的兄弟钱銶领兵进攻苏州，不过徐约本人虽然没有本事，但是苏州毕竟是一座大城，非常难以攻下，在试探性的几次进攻之后，钱銶带来的两万大军损失惨重。这么攻下去得不偿失，于是钱銶用了个很多人都用过的办法：围城。别看这是一个被用烂了的办法，不过却是非常实用，在被围困了半年之后，苏州城里的徐约撑不下去了，准备出城突围，但却中了钱銶的埋伏，非常狼狈地逃回城去，钱銶趁机下令攻城，一举拿下了苏州。

拿下了对钱镠来说意义重大的苏州当然是一件好事，但同时也有不好的消息传来：杨行密与孙儒在距离杭州不远的地方大战。不久后孙儒战败，杨行密还凭着大胜的气势攻占了钱镠手下的常州、润州。这让钱镠很是愤怒，不过他也知道此时的自己还不是杨行密的对手，就把这事忍了下来，正所谓“大丈夫能屈能伸”嘛！于是好好经营自己的苏杭两州，不但对境内的百姓极好，还广招天下人才，一看就是一个干大事的人。在钱镠网罗的人才中，以“丑才子”罗隐的名声最为响亮。罗隐，字昭谏，唐文宗太和七年（833 年）生于杭州，是晚唐的著名诗人，他的一首《登夏州城楼》可以说是传遍天下。不过这位才子也有一个缺点，就是有些张狂了，在辅佐钱镠的时候没少跟钱镠对着干。钱镠非常爱吃鱼，命令西湖渔

渔民打鱼

登夏州城楼

寒城猎猎戍旗风，独倚危楼怅望中。
万里山河唐土地，千年魂魄晋英雄。
离心不忍听边马，往事应须问塞鸿。
好脱儒冠从校尉，一枝长戟六钧弓。

民每天都要送鱼给他吃，本来作为一方大臣，这也不算什么大事，不过却让罗隐这位才子看不过了，他在当官之前日子过得非常清贫，知道渔民打鱼非常不容易，于是写了一首诗来讽刺钱镠："吕望当年展庙谟，直钩钓国更何如；若教生在西湖上，也是须供使宅鱼。"这首诗的意思是说如果姜太公来到西湖钓鱼的话，是不是也得给钱镠送鱼？这让钱镠很是下不来台，不过好在钱镠这人非常的有度量，不仅没有怪罪罗隐，反而在这之后再也没有让渔民给他送鱼了。

因为钱镠这几年在苏杭地区经营得不错，还经常给皇帝唐昭宗送些财宝，这让唐昭宗

很是高兴，要知道这个时候的大唐仅仅只剩下了一个空架子，已经很久没人给唐昭宗上贡了。唐昭宗对钱镠这个想着自己的臣子非常满意，于是封钱镠为苏杭观察使，虽然这个时候大唐的官职已经不值什么钱，有钱有军队才是硬道理，但钱镠却欣然接受了这个官职。因为钱镠觉得，只要大唐还在一天，那么名义上威严还是在的，而且有了皇帝封赏的官职，钱镠就可以名正言顺地扩充自己的实力。

钱镠的日子过得不错，不过他的老朋友、以前的上司董昌日子就不大好过了，因为董昌不知道保境安民的重要，在自己的领地之内施行暴政，让百姓民不聊生。而且董昌占据越州之后，性子突然变得残暴起来，别人稍有冲撞，他就要灭了人家的一族，于是手下的将领也渐渐与他离心离德。更离谱的是，董昌竟然在越州称帝了，自称为大越罗平国皇帝。要知

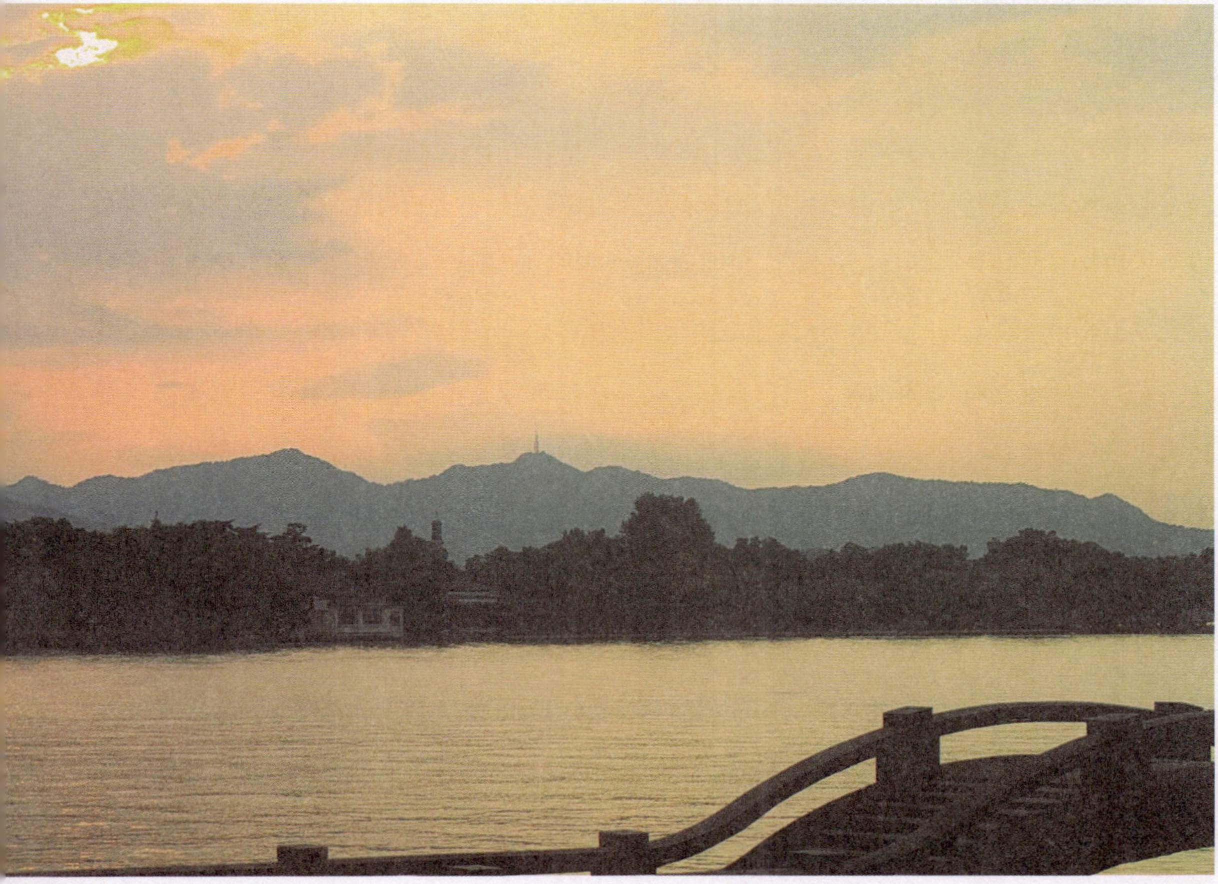

西湖风光

绍兴（越州）

道此时虽然已经天下大乱，但却没有一个人敢真正自己称帝，因为害怕被别人群起而攻之，况且董昌的实力在江南地区来说都称不上是最强，也不知道是谁给他的勇气让他做出了这样的选择。董昌称帝，钱镠知道他恐怕要招来大祸，毕竟是自己的老上级，钱镠还打算劝劝他，于是给董昌写了一封信，告诉他称帝不是什么好玩的事情，不过董昌此时已经想当皇帝发了疯，不仅没有听钱镠的劝解，还写了一封回信大骂了钱镠一顿。钱镠却还不死心，于是带兵来到了越州城下，当面劝董昌，不过董昌还是没有听钱镠的，钱镠只能率兵返回自己的杭州。

董昌闹出了这么大的动静，消息自然是传到了唐昭宗那里，唐昭宗大怒，骂道：“乱臣贼子！”下诏封钱镠为浙东招讨使，让他发兵去灭了董昌。钱镠本来心中不大情愿，不过后来转念一想，要是自己不去董昌迟早也会被别人击败，既然如此还不如自己去，还能占领越州这么一大块地盘，何乐而不为呢？于是派手下大将顾全武领兵进攻。顾全武是当世名将，而董昌的手下不过是大猫小猫三两只，根本没有什么能征善战的武将，很快便被顾全武接连攻下了几座县城，直逼董昌坐镇的越州。董昌这个时候知道了钱镠的厉害，向占据了江东的杨行密请援，但杨行密的军队还没到越州，顾全武就已经攻入，活捉了董昌一大家子。然后派人护送董昌到杭州去见见钱镠，半路上董昌想不开，直接投江自杀了。

建立吴越

钱镠平定了董昌之乱让唐昭宗龙颜大悦，下诏把原来董昌的地盘也给了钱镠，钱镠因此占据了两浙地区。占据两浙之后，钱镠停止了对外征战，把心思放在了治理内政之上，经过钱镠的治理，两浙地区成为整个江南最富庶的地方。天复二年（902年），因为把两浙地区治理得不错，还经常给皇帝孝敬，钱镠被封为越王。钱镠觉得这个时候自己混得不错了，就决定回家看一看。回到家乡之后，钱镠大宴家乡父老，以锦缎覆盖山林，可以说是真正的衣锦还乡，并将小时候经常围着玩耍的一棵大树封为“衣锦将军”。不过这边钱镠刚刚在家待了没几天，就发生了一件差点让钱镠“一下回到解放前”的大事。左右都指挥使许再思和徐绾趁着钱镠不在杭州的机会，发动了叛乱，带领士兵进攻内城，打算抓到钱镠的儿子钱传瑛

杭州古城门遗址

作为人质。钱镠一听到这个消息，也顾不上在老家摆威风了，赶紧带兵回到杭州，不过钱镠到底还是一个人物，他回到了杭州之后，没有急于攻城，而是先让带回来的军队驻扎在城外，自己带着几个亲兵，换上了老百姓的衣服混进了内城。然后在城内指挥大军攻击叛军，让在城外驻扎的军队攻击，内外夹击终于平定了此次叛乱，钱镠将许再思抓住之后处死，但徐绾却趁乱带领着残兵败将逃走，投靠了杨行密。

天祐二年（905 年）三月，衢州（今浙江衢州）制置使陈璋在杨行密的支持下发动了叛乱，伙同杨行密的淮南军进攻东阳（今浙江东阳）。钱镠也算是见过了不少大风大浪的人物，根本没有把这个当回事，只派了自己的弟弟钱镖发兵去支援，不过钱镖慢了一步，还没到地方，东阳已被陈璋攻下。不过陈璋占领了东阳之后还不满足，继续率兵北上，结果被姗姗来迟的钱镖教训了一顿，狼狈地跑回了衢州，就连已经到手了的东阳也被钱镖收回。十一月，吴王杨行密病死，长子杨渥即位，由于杨渥刚刚即位，吴国的内政不稳，淮南军因此撤走。钱镖率领吴越军继续向衢州进发，大败陈璋，占领了衢州，陈璋逃往淮南，投靠了杨渥，两浙地区的形势自此稳定下来。

吴越国金龙

唐天祐四年（907 年）四月，梁王朱温废掉唐哀帝李柷，建立后梁。为了争取钱镠的支持，朱温给钱镠送了不少的财宝，钱镠觉得自己跟朱温又不接壤，况且朱温又送了这么多的财宝，拿人家的手软，钱镠决定奉梁朝为正统，改用梁朝年号。之后钱镠与杨渥发生不少次冲突，不过好在钱镠手下能人众多，并没有让杨渥占到便宜。由于钱镠的强势，让两浙地区少经战乱，农业商业得到了很大的发展。除此之外，钱镠还下了很大的力气号召百姓养蚕，五代十国时期，两浙地区出产的丝织品冠绝天下，各国贵人都以能够穿上两浙地区出产的丝绸为荣，为钱镠赚了不少银子。

吴越国鎏金菩萨像

不过要说钱镠最大的功绩，是发动民力在钱塘江修建海塘，并疏通河运，保障了浙江经济不受自然灾害影响。在钱镠统治的后期，他也不再想着开疆拓土，因此与周边的国家一直都相安无事，后唐同光三年（925 年），钱镠看见此时的天下已经有不少人称帝建国，于是自己也想感受一下皇帝的滋味，宣布建立吴越国，定都杭州。

想想·说说

以钱镠的能力，配得上“满堂花醉三千客，一剑霜寒十四州”这句气势宏大的诗句吗？

“贼王八”的发家史

巴蜀之地一直号称“天府之国”，人杰地灵，物产丰富，是一块风水宝地，因为有天险可依，在此地建国可是安稳不少。五代十国时期在此地就有两个以蜀为名的国家，我们现在讲到的就是王建所建立的前蜀。

前蜀军队

王建，字光图，陈州项城（今河南沈丘）人，人送外号贼王八。为什么给他起了一个这样的外号呢，因为在王建年轻的时候，他横行乡里，不务正业，贩卖私盐，乡亲们都对他非常讨厌，正巧他姓王，又在家中排行老八，所以乡亲们就给他起了一个贼王八的外号。虽然王建在乡亲们中间名声很坏，但人却长得非常高大，身上也很有力气，于是和朱温一样选择投身军营。王建先是加入了本地的忠武军，但一直没能混出什么名堂，于是在秦宗权重金招募勇武之士之时又投奔了秦宗权。

黄巢攻占长安后，唐僖宗被迫逃到了蜀地。王建被秦宗权派来成都护驾，唐僖宗对于前来救驾的王建很是感激，下令重赏了他们。之后黄巢兵败退出长安，唐僖宗回到长安之后，任命王建为禁军首领，保卫宫廷的安全。但是唐僖宗回到长安之后还没有过上几天安生的日子，王重荣联合河东的李克用又派兵攻入长安，唐僖宗再次出逃，王建一直跟在唐僖宗的身边保护，让唐僖宗很是感动。后来王建因为在宫廷的斗争当中失势，被派到了蜀地的壁州（今四川通江）担任刺史，但谁都没有想到这却成全了王建，最后他竟然在蜀地称帝建国。

四川通江

占据西川

王建来到壁州之后，靠着自己的机灵手段和大笔钱财组建了一支八千人的军队，很快就站稳了脚跟，接着为了扩大自己的地盘，率兵进攻与壁州相邻的阆州（今四川阆中），阆州刺史杨茂实是一个胆小怕事的人，直接弃城溜了，王建不费吹灰之力就占据了阆州。占了阆州之后，王建还不满足，打算对另一个方向的利州下手，利州守将知道自己打不过王建这个泼皮无赖，干脆出城投降了，如此一来，王建就拥有了三州的地盘。但是王建占领这么大的地盘之后难改本性，纵容士兵抢夺老百姓，名声非常不好，幸亏王建的手下还有一个有见识的，据说这人是王建的老乡，名字叫綦（qí）毋谏，他劝王建说道：“将军如果一直这样骚扰百姓是成不了大事的，应该善待百姓，广招人才才能够成就大事！”王建虽然

蜀锦

阆中古城全景

是一个无赖，但有一个优点就是肯听劝，也觉得这样不是个办法，于是下令不准士兵们抢劫老百姓，还减轻了老百姓的赋税，为了严肃军纪，还斩了几个不听命令的士兵。

当时的川蜀被朝廷划分为两个部分，即东川和西川，王建所占领的三州之地距离西川很近，东川在节度使顾彦朗控制之下，西川则是王建的义父田令孜的弟弟陈敬宣的领地，王建想要扩展自己的地盘，势必会与他们发生冲突。但这两方都不是好惹的，王建一时间不知道该从哪里下手。还没等到王建出兵，坐镇西川的陈敬宣却因担心王建会对自己造成威胁，想要和哥哥田令孜商量对策，田令孜却认为王建作为自己的义子肯定不会对西川下手，因此非常淡定，但架不住陈敬宣的软磨硬泡，陈敬宣希望让王建到成都来，在眼皮子底下也方便控制王建。于是田令孜给王建写了一封信，让王建来成都发展，跟着自己吃香的喝辣的。

王建正愁没有机会施展拳脚，收到田令孜书信之后领兵三千奔赴成都，准备伺机而动拿下成都。成都是西川非常重要的城市，有“得成都者得西川”之说，因此王建对于成都是垂涎三尺，但是王建走了一半，陈敬宣又反悔了，觉得王建来了之后会对自己不利（他还真猜对了），于是派兵前去阻拦王建，请他们原路返回。王建辛辛苦苦地走了一半又要被人家请回去，再好脾气的人也受不了这个，何况王建本来就是一个无赖，他大骂道：“要

成都洛带古镇

老子呢？”于是下令攻击陈敬宣派来的军队，王建的士兵虽然远道而来非常疲惫，但陈敬宣的军队更是不堪，刚刚交战就被王建把战阵冲散，有一部分士兵当场就放下武器投降了，还有一部分逃走了。王建顺势占领了汉州（今四川广汉），在汉州休整过后，率兵来到成都，田令孜登上成都城楼劝王建不要攻城，但王建主意已定，下令攻城。成都非常坚固，陈敬宣的守军也非常多，王建怎么可能轻易攻下，因此他退回了汉州，然后向东川节度使顾彦朗请求援兵。

顾彦朗一直跟陈敬宣不对付，而且当年和王建在长安时候有过交情，于是派出了一支军队来支援王建。顾彦朗的军队到了之后，王建再次下令强攻，但苦战三日也还是没能攻进城内，王建见久攻不下也没有恋战，下令撤兵，开始以汉中为中心，向周围扩展，很快占领了很大一片土地。看到王建的势力越来越强大，顾彦朗坐不住了，害怕王建会威胁到自己，于是将借给王建的兵撤了回去，然后向朝廷禀报请求另派一位大臣来总理川蜀之地的事务。朝廷也觉得这么打下去不是个事，就把宰相韦昭度派了过去。韦昭度来了之后，顾彦朗对他非常尊敬，王建也贴上来讨好韦昭度。但陈敬宣却不把韦昭度放在眼里，也拒绝交出西川的兵权，韦昭度大怒，带领着顾彦朗和王建的大军进攻成都，但是仍旧未能成功。

汉中天台山

这一次的攻城让王建觉得韦昭度也没有什么本事，就不再听韦昭度的调遣，还劝他回去辅佐皇帝才是大事，陈敬宣交给自己处理就没有问题。韦昭度有些犹豫，不知道是回到皇帝身边还是继续留在川蜀，王建见他犹豫也就出了狠招，派人把韦昭度带来的侍从暗中给绑了，然后告诉韦昭度因为士兵缺少粮食，打算把他们当作粮食吃了。韦昭度是一个文官，哪里见过这样的阵仗，吓得把节度使的印信交给王建就启程回去了。得到了节度使的印信，王建此时也算作出师有名，手下军队士兵的士气也大大上升，很快就把成都周围的州县全部占领，最后来到了已经是一座孤城的成都。王建知道成都城的坚固，也没有下令进攻，只是调动大军把成都围了个水泄不通。围了一个月，成都城内的陈敬宣坚持不下去了，选择了出城投降，王建率领军队进入成都城内，之后出尔反尔，下令把陈敬宣杀了，连他的义父田令孜也没有放过，随便安了一个罪名处死了。

汉中拜将台

水泄不通

意思是指连水也流不出去。形容拥挤或包围得非常严密。

出尔反尔

原指你怎样对待人家，人家就会怎样对待你。现多指自己说了或做了后，又自己反悔。比喻言行前后自相矛盾，反复无常。

称帝建蜀

占领了西川之后，王建又打起了东川的主意，但顾彦朗对自己有恩，况且又帮助他攻打成都，可以说王建能够占领西川顾彦朗功不可没，更别说他和顾彦朗还有姻亲关系，于情于理王建都不应该出兵攻打顾彦朗，王建虽然是一个泼皮无赖，但还知道知恩图报的道理，因此一直没有对东川下手。但事情很快就出现了转机，不久之后顾彦朗因病去世，他的弟弟顾彦晖继承了他的职位。顾彦晖对王建的实力很是忌惮，于是与割据凤翔的李茂贞结盟，李茂贞怂恿顾彦晖对付王建，这让王建有了出兵的借口，抢先发兵向东川进攻，但有了李茂贞支援的顾彦晖实力大增，已经足够和王建抗衡，因此双方对峙谁也不敢轻举妄动。

东川红土地

这样的对峙状态一直持续了几年，王建一方面在西川境内减轻赋税，安定百姓，积蓄自己的实力，另一方面等待时机吞并东川，王建等待的时机终于到来。李茂贞和顾彦晖反目成仇，李茂贞

珍禽图

发兵进攻东川，顾彦晖抵挡不了竟然选择向王建求援，王建立即率兵出征，和顾彦晖的军队一起打败了李茂贞，之后趁顾彦晖军队休整的时机进攻，将东川的中心城市梓州（今四川三台）占领了，俘虏了顾彦晖，并下令将顾彦晖处死。就这样，王建成功地占领了两川，称霸川蜀的目的终于达到。

占领两川之后，王建听从手下文官的建议，劝课农桑，发展生产，命令官吏和士兵不得骚扰百姓，让百姓安居乐业。凭借着境内的稳定、纪律严明战斗力强大的军队以及川蜀地区地势的险要，不管是凤翔的李茂贞还是雄心勃勃的朱温，都不敢来招惹王建。

天复二年（902 年）五月，唐昭宗被韩全诲劫持到了凤翔李茂贞的地盘，朱温亲自率领大军来到凤翔，李茂贞不敌，因此向王建求援。接到求援之后，王建立马派出了五万大军，不过王建这五万大军不是来帮助李茂贞的，而是来趁火打劫的。李茂贞手下的山南西道节度使李继密发现蜀军的行军路线不像是去支援李茂贞攻打朱温的，于是留了一手，向三泉（今陕西宁强西北）派了不少的军队，拦住蜀军之后质问蜀军统帅王宗涤。王宗涤看到自己的目的被识破，也不再藏着掖着了，率军进攻三泉，但李继密对此早有防范，一场大战下来王宗涤竟然没有攻下三泉，反而自己损失不小。李继密看占了便宜，于是率军出城准备一举击溃王宗涤的五万大军。王宗涤见李继密如此轻视自己，不在城里好好守着竟然敢出城迎敌，于是大怒对士兵说道："李继密这个混账竟然敢轻视咱们弟兄，大家要不要给他点颜色看看？"蜀军士兵听了，纷纷摩拳擦掌，叫嚷着一定要好好教训他们，一时间士气大振，发了疯一般冲向了凤翔军。李继密压不住阵脚，凤翔军战阵被冲散，蜀军连破四寨，李继密见势不妙，知道三泉一定不保，带领着亲兵逃向了汉中。

只是王宗涤却不打算就这么放过他，李继密刚刚逃回汉中，蜀军就追了过来，李继密

前蜀木门靴臼

已经被王宗涤吓破了胆，竟然没有能够组织起有效的防御，城池坚固的汉中就这样成了王建的囊中之物。等到李茂贞杀掉韩全诲，把昭宗交给朱温，解了凤翔之围，发现自己的重镇被王建占了，大骂王建这个“贼王八”不要脸，但却只能打碎了牙往肚子里咽，不敢发兵来夺，因为他实在是被朱温折腾惨了，已经不能再调出多少兵力了。这个时候李茂贞的手下武定节度使拓跋思敬看到自己的主子混得如此凄惨，觉得再跟着李茂贞混没有什么前途，于是带兵投降了王建，这一下王建算是完全占领了汉中地区，自己的川蜀的安全系数大大增加，再不用担心可能会被别人率兵随便进入自己的老窝蜀中地区。

要说王建这个人运气还真是不错，天复三年（903 年）五月，淮南地区的老大杨行密进

前蜀玉制印章

攻鄂州（今湖北武汉），荆南节度使成汭率领水师前去支援。没想到却被杨行密打成了光杆司令，一时想不开投水自尽了。荆南顿时乱作一团，王建出兵，又捡了一个大便宜，接连占据了巴东地区的忠州（今重庆忠县）、万州（今重庆万县）、施州（今湖北恩施）、夔州（今重庆奉节）。王建的地盘再一次扩大，成为地盘最大的几个藩镇之一。这一年的八月，朝廷下诏封王建为蜀王，正式承认了王建在川蜀之地的地位。

成为蜀王之后，王建暂时停止了向外征战扩大地盘的行动，就连蜀中的大将们纷纷奉劝他灭掉实力已经遭到严重削弱的李茂贞，他都没有动手。其实王建没有动手也是有原因的，因为若是出手灭了李茂贞，那么他的领地就会与朱温接壤，当时的朱温在各个藩镇之中实力最强，王建没有把握抵御住朱温的进攻，因此还不如留着李茂贞，甚至在李茂贞受到朱温攻击的时候还要出手相助。可以说王建对这件事的看法是极有远见的，本着这样的想法，王建与李茂贞议和，结成了共同对抗朱温的联盟，王建还经常送出一些财物支援李茂贞。

四年之后（907年），朱温在中原地区称帝，建立后梁。消息传来，让王建非常高兴，因为这几年王建早已经有了称帝的心思，但却不敢第一个这样做，害怕枪打出头鸟，引来其他势力联合起来讨伐自己。这下有了朱温称帝，王建也就不再顾忌了，朱温称帝几个月后，王建在成都称帝，国号大蜀，历史上称之为前蜀。

前蜀的灭亡

建立前蜀之后，王建颁布了一些利国利民的政策，让百姓安居乐业，在他在位的11年期间蜀中地区也没有发生战事，与中原地区经常战乱形成了鲜明的对比。王建在位后期，因为宠爱他的妃子徐氏姐妹，将小徐妃的儿子王宗衍立为太子。为了给自己的儿子继承皇帝的位置扫平道路，王建狠下心来把之前收的那些有能力又不服王宗衍的义子都杀死，确保自己的亲儿子能够继承皇帝的位置。在做完这些之后，堪称枭雄的王建在前蜀光天元年（918年）六月因病去世，享年72岁（算是五代之中比较长寿的皇帝了），按照他的遗诏，他的儿子王宗衍即位。

王建的儿子王宗衍，是五代十国时期有名的昏君，荒淫无道，任用奸佞小人作为臣子，对于朝中的大事也不怎么理会，都交给身边的小人去处理，还经常干一些强抢民女的勾当。比他更过分的是成为皇太后和皇太妃的徐氏姐妹，竟公然卖官，价高者得，这些靠钱买来的官员上任之后，加紧搜刮百姓，老百姓的日子更加难过了。

王宗衍还在蜀中地区瞎胡闹，殊不知此时已经有人在打他的主意，后唐的开国皇帝李存勖听说王宗衍昏庸无道，失了民心，军队的战斗力也不怎么样，因此打算出兵灭了王宗衍。后唐同光三年（前蜀咸康元年，925年）九月，李存勖派魏王李继岌、枢密使郭

王建墓——永陵

崇韬率领大军翻越秦岭进攻蜀国。王宗衍此时还正在蜀国境内游玩，听说后唐的军队打过来了，立刻吓得两腿发软，也不敢游玩了，领着随从们返回相对较为安全的成都。后唐此时的皇帝李存勖虽然不理朝政，但军队的战斗力还在，而蜀国就不行了，王宗衍这些年来天天花天酒地，加上蜀中已经多年没有打过仗，士气很是低落。后唐的军队势如破竹，边境各州很快便被后唐攻占，蜀国境内各州县的守将一看唐军如此厉害，仗也不打了，直接投降了唐军。更严重的是蜀国大将王宗弼也选择了背叛，带着军队进入成都，把王宗衍和皇太后徐氏姐妹囚禁了，接着打开城门，迎唐军进城。

王宗衍一家人被押送到了后唐的都城洛阳，王宗衍还满心欢喜地以为到了洛阳之后李存勖会善待自己，但他很快就知道他的想法实在是太天真了，王宗衍一族刚到洛阳，就被李存勖下令处死了，前蜀就此灭亡。

想想 · 说说

王宗衍不思进取、吃喝玩乐导致了亡国的故事，给我们什么样的启示呢？

王建永陵地宫模型

“王二代”的败家史

前蜀灭亡之后七年，又有一个国号为“蜀”的国家建立起来，历史上称之为后蜀，它的建立者是李克用的侄女婿孟知祥。可惜的是，孟知祥仅仅称帝七个月，就因病去世了。

孟知祥去世之后，他十六岁的儿子孟昶继位，孟昶原名孟仁赞，是孟知祥第三个儿子。五代时最有名气的相面大师周元豹曾经见过小孟昶，对孟知祥说道：“这个小家伙长相不俗！”然后又仔细看了一下孟昶，告诉孟知祥：“这个孩子将来可以做四十年的皇帝，绝对不是一般人可及！”孟知祥听说儿子将来可以做皇帝非常高兴，这意味着自己更应该做皇帝，从这以后对孟昶极为宠爱。

后蜀陀罗尼经幢

由于孟昶年纪还轻，朝廷的大权都由一些老臣如赵廷隐、赵季良、李仁罕等人把持。孟昶虽然年轻，但是却很精明。这个时候孟昶还没有忠于自己的势力，最重要的是自己手中没有兵权，因此还不敢对朝中那些“叔叔伯伯”们不敬，他心里明白，若是把他们逼急了，自己这个皇帝还能不能做得下去都不一定。

李仁罕在孟知祥死后，非常的骄横跋扈，经常见到皇帝孟昶都不下跪，还经常插手朝政，让孟昶对他非常反感，最后招来杀身之祸。

在孟昶的这些“叔叔伯伯”中，以赵季良立下的功劳最大，地位也是群臣当中最高的，做人方面也不像李仁罕那样骄横跋扈，因此孟昶对他也没有多少反感。而李仁罕就不一样了，经常以老臣的辈分来压孟昶，是孟昶最讨厌的一个人。不过李仁罕虽然骄横跋扈，孟昶却不敢动他。看到皇帝都如此忌惮自己，李仁罕越发得寸进尺，暗中指使亲信上书孟昶，建议让李仁罕出任兵马大元帅，实际上是要控制蜀国军权。孟昶本不同意，但李仁罕亲信们却隔一段时间就会提一次这样的建议，孟昶只好勉强答应。但孟昶是不希望看到李仁罕一家独大的，便安排了和李仁罕过节极深的赵廷隐为副手，从中牵制李仁罕，从孟昶这样的安排来看，说明他也是有着自己的打算的。

李仁罕成为蜀国的兵马大元帅之后，朝中自然有人会不满意，孟昶当皇子时的朋友韩保正、韩继勋等人是反应最大的，因为只有孟昶的势力更加强大，他们才能跟着享受荣华富贵以及更大的权力，但是孟昶的那些“叔叔伯伯”们却硬生生地堵住了韩保正等人升官发财的道路。因此他们对孟昶建议道：“李仁罕手中有军权，可能以后会取代陛下您，不如先下手为强！”而那些比李仁罕资格更老的赵季良、赵廷隐同样不愿意看到李仁罕势力更加强大，因此为了扳倒李仁

后蜀石经

罕，孟昶与赵廷隐等人联合了起来。得到了赵季良和赵廷隐的支持，孟昶心中已经有了把握，开始寻找干掉李仁罕的机会。

李仁罕得了势之后不知道收敛，开始胡作非为，抢人家的土地、刨人家的祖坟，坏事做绝。最不能让孟昶容忍的是李仁罕在府中的陈设已经超出了一个臣子的等级，这证明李仁罕有不臣之心，孟昶终于下定决心除掉他。后蜀明德元年（934 年）十月，孟昶在殿中埋伏下武士，等到李仁罕上前准备给孟昶施礼时，孟昶大喝为号，武士们纷纷上前，直接把李仁罕就地砍死，之后孟旭下令诛灭了李仁罕的全族。

诛杀李仁罕的行动震慑住了之前把孟昶当作小娃娃的老臣们，孟昶开始真正自己掌控朝政。孟昶在掌握朝政的初期，还是非常从善如流的。可惜的是到了后来，孟昶渐渐地纵情声色，不再把心思放在朝政之上，尤其是在娶了五代十国时期最具名气的美人“花蕊夫人”费氏之后。孟昶有一首《避暑摩诃池上作》这样形容花蕊夫人：冰肌玉骨清无汗，水殿风来

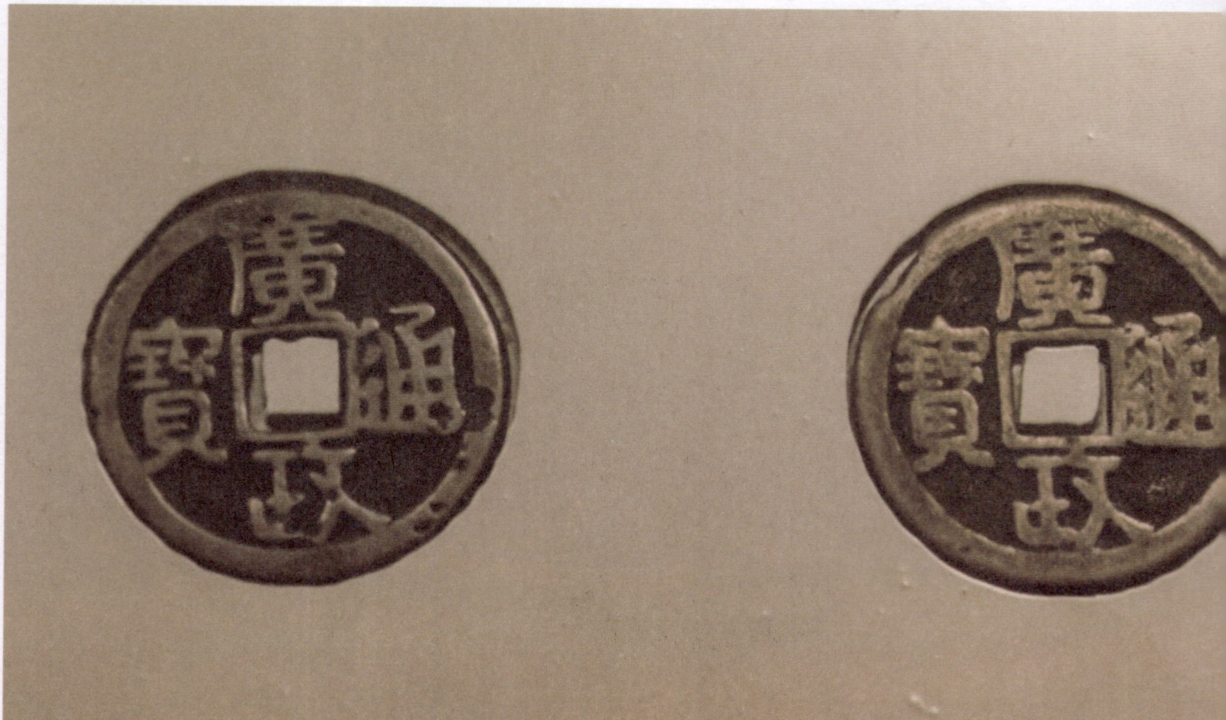

孟昶下令铸造的广政通宝

暗香满。帘开明月独窥人，欹枕钗横云鬓乱。起来琼户寂无声，时见疏星渡河汉。屈指西风几时来，只恐流年暗中换。

花蕊夫人

我们从这首诗当中，可以看出花蕊夫人的一些风采，不过更能看出的是，孟昶这个人写诗还是非常不错的。孟昶非常宠爱费氏，何以见得呢？从成都的别名“蓉城”中就可以看出来，而蓉城名称的来历正是这位花蕊夫人。费氏最喜欢芙蓉花，孟昶为了讨好她，下令在成都城中全部种上芙蓉花。成都四十里长街盛开芙蓉，成都此后也就得名蓉城。

随着孟昶不理朝政，朝廷当中又都是一些只知道吃喝玩乐的臣子，孟昶很快就迎来了悲剧。宋乾德二年(964 年）十一月，赵匡胤以忠武军节度使王全斌为西川行营前军兵马都部署，武信军节度使崔彦进为副手，率领三万精兵从凤州道出发，同时又以江宁军节度使刘光义为前军兵马副都部署，枢密承旨曹彬为副手，率兵二万从归州道出发讨伐后蜀，

芙蓉花

一共五万大军合击西川。赵匡胤为了让将士们给他死心塌地地卖命，行前告诉王全斌："此次伐蜀，朕只要土地与百姓。入蜀后，每得一城，留下兵甲粮草，钱帛尽分给有功将士。"赵匡胤的这一个命令，让将士们士气高涨。

王全斌率领大军配合刘光义、曹彬进军后蜀。孟昶得到赵匡胤发兵的消息之后，认为自己的军队足以抵挡赵匡胤的大军，因此并不着急，派出了自比诸葛亮的亲信王昭远和手下大将韩保正率兵五万去抵御宋军。王昭远被任命为征讨大元帅，意气风发，认为有自己出马的话，必定是手到擒来，得意扬扬地对前来送行的宰相李昊说道："赵匡胤派来的这几路大军在我看来不过是土鸡瓦狗，打败他们根本不在话下，我大蜀军队有我率领，就算他的中原之地，若是我想要夺下来也像是探囊取物一般。此次我北行灭贼，先诛灭了王全斌，再杀进汴梁城，活捉他赵匡胤。宰相就在此等着我胜利的消息吧！"

王昭远虽然有些小才，但根本就没有什么能力，只是因为比较能拍孟昶的马屁才坐上了高位，因此宰相李昊根本就没有把王昭远说的大话放在心上。

王全斌的行军路线和40年前后唐大将郭崇韬差不多，而且宋军多是当年周世宗柴荣的精兵强将，根本不怕什么蜀军。宋军在三泉（今陕西宁强西北）大败蜀军，生擒蜀山南西道节度使韩保正，之后一路南下。同时出兵三峡一线的刘光义、曹彬攻破后蜀东川重镇夔州（今重庆奉节），江宁军节度使高彦俦自杀殉国。宋乾德二年（964年）十二月，宋军行至利州（今四川广元），之后发兵攻城，很快就破了王昭远设下的金山寨，王昭远带着残兵败将后退。

吃了一场败仗的王昭远还不服输，第二天将蜀军精锐士兵全部投入战场，两军展开决战。可惜的是王昭远带来的蜀军精锐仍然没能挽救自己战败的命运，王昭远退守剑门（今四川剑

剑门关

阁北）。孟昶听说王昭远连吃败仗，于是令自己的儿子孟玄喆前去支援，可孟玄喆比王昭远还要不堪，把行军打仗当成了游山玩水。宋乾德三年（965 年）春，宋军大将史延德率领士兵占领来苏（今四川剑阁东南），之后直扑剑门。王昭远认为此战没有胜算，再度退兵到了汉原坡，王全斌不依不饶，率军直进，一直追到汉原坡，誓要生擒王昭远。王昭远率领蜀军迎战，再次溃败，手下大将赵崇韬被擒。王昭远一路逃窜，躲到了一家百姓的屋子里，想起自己出兵之前跟李昊说过的大话，号啕大哭，此情此景之下，念起了晚唐著名诗人罗隐的《筹笔驿》："抛掷南阳为主忧，北征东讨尽良筹。时来天地皆同力，运去英雄不自由。千里山河轻孺子，两朝冠剑恨谯周。唯余岩下多情水，犹解年年傍驿流。"都落到了这般境地，王昭远还在自比诸葛亮，实在是没有自知之明。

剑门关山路

王昭远刚发完感慨，就被前来搜寻的宋军士兵发现，将他生擒到了王全斌的面前。正在游山玩水的孟玄喆听说王昭远大败被生擒的消息，吓得也不敢再往前走了，带着几个亲信逃回了成都。在成都坐镇的孟昶也收到了王昭远战败被俘的消息，终于感到了恐慌，但是此时的孟昶手中可用之兵已经不多了，召集文武群臣想问问有什么好办法，但是孟昶手下哪有什么有见识的大臣，想来想去也没有能想出好的办法。

宋军士兵雕塑

孟昶看到这帮大臣的表现，心中很是失望，眼看着宋军距离成都越来越近，知道蜀国根本抵挡不了宋军，于是选择了投降。宋乾德三年（965 年）春，后蜀皇帝孟昶上表投降，后蜀宣告灭亡。孟昶一家子被俘虏到汴梁，孟昶在汴梁并没有过上几天好日子就死了。

想想·说说

孟昶当时如果没有选择向赵匡胤投降，后蜀国能不能抵挡赵匡胤的大军呢？

这有一个大无赖

五代十国的时候，出了一个大大的无赖，这个无赖呢，就是十国中南平的开国君主高季兴，外号“高赖子”。身为一国之君，为什么会被取一个这样的外号呢？因为这个人的治国之法非常别样，竟然是靠抢劫来供养国家。

大无赖高季兴

高季兴，原名高季昌，字贻孙，陕州硖石（今河南三门峡东南）人，五代十国时期南平开国君主。因为经常截留各国贡品，又为获取赏赐而向诸国称臣，反复无常，被诸国君主称为“高赖子”。后唐明宗赐谥号“武信”。

高季兴原名叫作高季昌，因为出身贫寒，家里边养不起这么多的孩子，因此很小的时候就被卖到了汴州（今河南开封）的一家富户李七郎家里做家奴。后来朱温因为投降大唐，被封为宣武军节度使，李七郎看见新来了一位长官，想要与他打好关系，就送了一大笔钱财给朱温。朱温刚刚到汴州，正是缺银子的时候，李七郎的银子正好解了朱温的燃眉之急，朱温高兴之下便收了李七郎做义子，并为其改名为朱友让。

后来一次偶然的机会，朱友让请朱温到自己的家里喝酒，朱温看到高季兴样貌不俗，觉得他以后能成大事，于是让朱友让收高季兴为义子，朱友让不敢违背义父的话，便把高季兴收为义子。之后朱温就把高季兴调入自己的部队当中，让他做了一个幕僚，后来高季兴因在朱温围困凤翔李茂贞一战中立下首功，被朱温任命为荆南节度使，高季兴就在荆南这个地方站稳了脚跟。

后来中原地区形势变换，李存勖击败了后梁，做了中原的皇帝，建立后唐。高季兴这人比较识时务，也没有为后梁尽忠效死的心思，第一个向后唐称臣，李存勖对高季兴第一个向自己称臣很是高兴，封高季兴为南平王。

南平铁币

南平是十国当中最小最弱的一个国家，但这个国家的地理位置比较特殊，夹在后唐、吴、楚以及蜀的中央，是大国之间的缓冲地带，这也是高季兴能够在荆南地区站稳脚跟的原因之一。当然，夹在几个大国之间并不好生存。

南平这个国家最大的特点可以用一个字来概括：穷。身为一国之主的高季兴又没有什么宏图大志，从来没有想过要努力去发展经济，但他这个人歪点子比较多，想到了一个非常损的办法，那就是：抢，而且是政府出兵去抢！

这一时期南方十国中，后唐的实力是最强大的，因此其他弱小的国家为了不让后唐来攻打自己，就纷纷向后唐进贡。而后汉、楚和闽向后唐进贡，一般都要经过南平，这个国家虽然是小，却是一个非常重要的交通要地。

当这些国家进贡的队伍经过南平的时候，高季兴就派兵去把各国的贡品抢过来。等到这些国家发出抗议，或者出兵打算讨伐他的时候，高季兴又非常没有骨气地把抢夺来的财物

五代云纹罂（青瓷）

给送回去。但是下次要是还有进贡队伍路过，他还去抢，要是仍旧有人讨要，他也就还回去。而且呢，作为一国之君，高季兴这个人还非常没有身为国君的骨气，经常向周边的国家称臣，以便能够讨要一些财物作为赐品。

如此反复，时间长了，周围国家的君主都知道了高季兴的这个品性，但是却没有办法，谁让南平就是进贡的必经之路呢！总不能每次一被抢，就起兵讨伐，哪个国家也禁不起这样的消耗。久而久之呢，各国的进贡队伍经过南平的时候，都会准备好给高季兴的一份，就当是“过路费”了。

不过呢，常在河边走，总有沾湿了鞋的时候，有一次高季兴就差点招致灭国之祸。蜀国被后唐大将郭崇韬率兵打败之后，魏王李继岌将价值 40 万的金帛以及财物用船送到洛阳去。这船正好要经过南平，而且这个时候后唐君主李存勖被杀的消息也传到了“高赖子”的耳朵里，听到了这个消息的“高赖子”哪里还能忍得住。于是趁火打劫，出兵抢了这价值 40 万的财物。

后来李存勖的哥哥后唐明宗李嗣源继位，问起这 40 万财物的去向，“高赖子”哪里肯承认，回答说："船只顺流而下，从蜀地到洛阳有几千里的距离，谁知道船去了哪里？只有问问河神才能知道了！"

"高赖子"的为人品性，那是出了名的，明宗李嗣源哪里会相信这样的鬼话。直接下了最后通牒，"船只是在你的地方失踪的，必须马上把财物交出来。"其实明宗的这番话也是有些胡搅蛮缠了，不过这也没办法，"高赖子"干抢劫这档子事不知道多少次了，熟门熟路的，竟然是一点证据都没有留下。

于是"高赖子"当然就是死不承认，拒不交出财物。这可惹恼了明宗李嗣源，点兵点将要讨伐南平。

"高赖子"自然是知道打不过，于是赶紧向吴国求援，祈求吴国君主发兵救援。后来吴国派了水军增援"高赖子"，而且因为当时是雨季，后唐军队粮草供应不上，于是不得不下令撤兵。高季兴这才躲过了一劫。

经过这次讨伐之后，高季兴只剩下了三州的地盘，顺势就向吴国称了臣，还被

李嗣源雕塑

百姓生活雕塑

封了一个秦王，倒也算得上是能屈能伸。

高季兴作为南平的开国君主，虽然被各国的君主称为“高赖子”，经常出兵抢劫，但是却从来不苛刻地对待南平国内的百姓，还减轻本国百姓的赋税，在他治理下的南平，百姓安居乐业，社会也非常安定。而且这个人活了71岁，在平均寿命五十出头的五代十国，可以算得上是一个长寿的人了。

南平之灭

高季兴去世之后，他的儿子高从诲继承了王位，与高季兴一样的是，高从诲也是一个大大的无赖，不过比他爹好的一点是，高从诲非常善于处理与其他国家之间的关系，还知道给自己找一个好的靠山。为了化解自己的父亲与后唐明宗李嗣源之前结下的梁子，高从诲决定向后梁称臣，李嗣源为人还算宽厚，这个时候高季兴已经死了，再揪着以前的事情不放也不是个事，于是就接受了高从诲的称臣，给他封了一个荆南节度使的官职。其实高从诲要不要这个官职都无所谓，他只是为了给自己找一个靠山。

高从诲为了能保住荆南地区的基业，可以说是煞费苦心，在后唐被石敬瑭灭了之后，高从诲又去拍石敬瑭的马屁，而在刘知远建立后汉之后，高从诲又跟刘知远搞好关系，可以说是没皮没脸到了极点。但这也是不得已而为之，荆南夹在四个大国之间，周边任意一个强国都能灭了自己，只能采取这样左右逢源的办法，让自己能够在夹缝当中生存下去。高从诲主政期间，虽然为人和他的父亲一样非常反复，但对荆南地区的百姓也是很好，让荆南地区的百姓过上了几年太平日子。

荆州古城门

几年之后，高从诲病死，他的儿子高保融即位。高保融即位之时，已是后周柴荣在位，柴荣是一个雄才大略的君主，高保融不敢怠慢了这位爷，于

江陵碑苑

是年年都向后周进贡。后来柴荣发兵进攻南唐的时候，高保融也跟随着柴荣出兵帮忙，让柴荣很是高兴。到后来赵匡胤建立大宋，高保融生怕赵匡胤发兵来攻，一年中三次向大宋进贡，让赵匡胤非常满意。

宋建隆元年（960年）八月，高保融得了重病，命不久矣，但因为自己长子高继冲还不到二十岁，怕他担不起重任，于是让自己的兄弟高保勖主政南平。可惜的是高保勖是一个荒淫无道的人，天天纵情声色，当了南平国王没有几年就得了一场大病，又把位子传给了高保融的长子高继冲。但高继冲即位还没有几年，赵匡胤已经决定开始统一的步伐，于是派手下大将慕容延钊攻入了荆南，南平国仅仅三州之地，根本就没有什么可用之兵。高继冲知道守不住，只能是开城投降，在夹缝当中生存了几十年的南平，被赵匡胤第一个灭了。

想想·说说

为什么在古代活到七十岁并不多见，而在现在活到七十多岁很正常呢?

马殷的创业史

南楚是我国历史上唯一一个以湖南地区为中心建立的封建王朝，有些史料上将南楚称为马楚，因为南楚国的建立者是马殷。大家看到这个名字是不是有些眼熟？没错，我们在讲杨行密发迹之时，曾经提到过他。马殷是唐末著名的“杀人魔王”孙儒的手下，孙儒在

湖南长沙湘江

与杨行密的征战中失败被杀，刘建锋、马殷带领着残兵败将开始了四处逃窜的日子。后来两人觉得总是这么四处逃窜也不是个办法，还是要找到一处落脚的地方，思前想后了半天，最终他们觉得武安军节度使邓处讷实力不强，应该可以拿下，于是就把目标放在了这里。

刘建锋、马殷两人带领手下来到了龙回关（今湖南长沙东 40 里处），这是进入邓处讷的大本营潭州（今湖南长沙）的必经之路。龙回关守将蒋勋见刘建锋人多势众，选择了出卖邓处讷，投入了刘建锋的帐下。刘建锋的大军距离潭州只差一步，在龙回关整合了大军之后，刘建锋本来要派大军强攻潭州城，不过却被马殷劝住，献上了一条能够用最小的代价拿下潭州的计策。这计策是什么呢？马殷打算带手下换上招降来的蒋勋手下的衣服，混入潭州城去，

然后打开城门，与刘建锋在城外的军队里应外合，内外夹击。

此计定下之后，马殷便带领着手下的兄弟来到了潭州城下，果然如马殷所料，守城的士兵根本没有怀疑马殷的身份，打开城门放马殷等人进入。马殷等人杀死了守城的士兵，打开城门，放刘建锋的大军入城。刘建锋见城门打开，立即率领大军杀入，很快就占领了潭州城，邓处讷也被刘建锋的手下砍死。占领了潭州城之后，刘建锋上表唐昭宗，请求朝廷封自己为武安军节度使，马殷为副节度使，唐昭宗最终应允，反正现在各个节度使都不听从号令，封谁不是封呢？

不过这个封赏却让之前投降的蒋勋觉得不满意了，蒋勋认为自己的功劳很大，怎么也都混一个副节度使当当，没想到到头来还要排在马殷的后头，于是在邵州（今湖南邵阳）起兵作乱，刘建锋下令马殷前去邵州收拾蒋勋。不过马殷还没能解决蒋勋，后方的潭州城内就出了一件大事。这件大事是什么呢？原来刘建锋自从占领了潭州城之后，整天花天酒地，潭州城的大小事务都交给了张佶处理，这本来倒是不算什么大事，但刘建锋千不该万不该，

湖南邵阳古城墙

就是勾搭自己下属的老婆。

五代十国龙首形垂首

一次偶然的机会，刘建锋见到了手下的校卫陈赡的老婆，顿时惊为天人，于是就起了心思，开始和陈赡老婆频繁接触，三天两头就勾搭在了一起。正所谓“杀父之仇，夺妻之恨，不共戴天”！陈赡头上被刘建锋给戴了一顶这么大的绿帽子怎么能忍，于是找了一个刘建锋身边侍卫不在的机会，一锤子把刘建锋打死了。在潭州城内的文臣武将们听说这个消息之后，立刻赶来把陈赡抓了起来。不过倒没有立刻杀死陈赡，而是把他关了起来，毕竟此时的当务之急，是选出一位德高望重的老大出来主持军政，不然就会出大乱子。众人商量了半天，决定拥立之前就主政唐州的张佶做老大，不过张佶知道自己在军中的威望并不高，也就是善于处理朝政，身在乱世，军权才是第一位的，就算再能处理朝政也是当不了一把手的，于是就推辞了兄弟们的好意，建议让军中威望最高的马殷当老大。

马殷在军中威望很高，甚至是超过了刘建锋，众人也就没有反对，派人去请已经出发前往邵州的马殷。马殷回到潭州城后，先是对最先拥立自己的张佶行了一个大礼，之后在群臣的一致同意之下，接替了刘建锋的位置。之后派张佶前去邵州平乱。张佶本事不错，很快就击败了蒋勋，将他给砍了头。接下来，马殷要处理一下已经被抓起来的陈赡，严格来说陈赡杀掉刘建锋也算是情有可原，但马殷为了能够服众，一定不能放过杀掉刘建锋的陈赡，因此下令把陈赡处斩。

马殷成为首领占据了潭州之后，渐渐开始有了自己的野心，但当时在马殷的周围衡州（今湖南衡阳）有杨师远、道州有蔡结、郴州有陈彦谦、永州有唐世旻、连州有鲁景仁。他们的实力都不弱，想要击败他们扩大地盘非常难，而且还要时刻防备他们来攻打自己，这让马殷

衡州窑青瓷执壶

非常苦恼。马殷问手下的第一谋士高郁，看他有没有什么好办法。高郁也是一个有真才实学的人物，马上就给马殷想出了办法，说道："朱温现在势力强大，我们可以与他交好，让他做我们的后援。之后我们再在暗中积蓄实力，休养生息，相信十年之后，主公您必然可以成就霸业。"马殷听从了高郁的建议，派人带着厚礼去汴梁拜见朱温。这份厚礼可不少，顿时让朱温眉开眼笑，答应了与马殷结盟的事情。与朱温结盟之后，马殷努力发展经济，积蓄自己的实力，到了唐光化元年（898 年），马殷觉得自己的实力已经足够了，就开始了对外战争，发展自己地盘的进程。

高郁

五代时楚王马殷手下的谋臣，为马殷提了许多利于楚国发展的建议，马殷听从高郁的建议之后，才使得楚国强盛起来。

这一年的五月，马殷派指挥使李琼、秦彦晖、张图英、李唐等人率军南下攻打衡州，占据衡州的杨师远兵力最少，本身又是一个无勇无谋的草包，很快就被李琼攻入城内，然后被斩杀。而在同一时间，永州的唐世旻弃城逃走，不到一个月的时间，马殷就占领了两州之地。剩下道州的蔡结、郴州的陈彦谦、连州的鲁景仁全都没能抵挡得住马殷的大军，不是被杀就是逃走，加上早就已得到的潭州和邵州，武安军所辖的七州，全部被马殷占领。

南楚的建立与灭亡

马殷占领了七州之地之后，并不满足，还想要打下更多的地方，把主意打到了静江节度使刘士政的头上，于是派秦彦晖、李琼等人南下进军。刘士政急忙派指挥使王建武率兵去秦城（今广西兴安西南）镇守。本来有这么多的士兵把守，秦城可以说是固若金汤，但坏就坏在王建武的副将陈可璠为了筹集军粮，竟强抢农民用来耕地的牛，百姓都非常的愤怒。于是在李琼率领大军到了秦城附近之后，有一个百姓前来，对李琼说道："我知道有一条小路，可以绕过陈可璠的营寨，直接突袭秦城。"李琼胆子足够大，带着五十骑兵、三百步兵通过这条小路突袭了秦城，把主将王建武活捉了，之后原路返回。到了第二天，李琼在陈可璠的营寨之前叫阵，然后把王建武押出来当着陈可璠的面一刀砍了，陈可璠军队当中的士兵一看主将都被砍了头，立刻士气大跌。李琼趁着敌军士气大跌的机会，下令进攻，又活捉了陈可璠，杀敌两千余人，秦城被李琼占领。之后李琼率军继续南下，势如破竹，没几天就包围了桂州（今广西桂林），桂州城被围了几天之后，刘士政出城投降，被李琼派人送到潭州。刘士政投降之后，

兴安灵渠

桂林尧山风景

马殷把原来刘士政的地盘全部占领。

天复三年（903年），杨行密派刘存攻打鄂州（今湖北武昌）的杜洪，马殷不想看到杨行密的势力继续扩张，于是派秦彦晖、许德勋率领军队支援，但他们还没走到鄂州，杜洪就已经战败身死。刘存看马殷还敢来凑热闹，拿下鄂州之后就率兵进攻许德勋的部队，双方发生了激烈的交战，刘存战死，岳州（今湖南岳阳）刺史邓进忠在许德勋的劝说之下投降马殷。

天祐四年（907年），朱温建立后梁，马殷接受了朱温的册封，成为楚王，楚国正式建立，以潭州为都城，并将其改名为长沙府。虽然马殷没有宣布称帝，但他的楚国已经可以算得上是独立的王国，朱温对楚国没有实质上的影响力。这一年的六月，杨渥派出大将泠业、李饶进攻越州，马殷根本就没把杨渥放在眼里，仍旧是派出大将许德勋前往救援，结果淮南军大败，主将泠业、李饶被俘，后在长沙被斩。澧州（今湖南澧县）刺史向瑰向马殷投降，

马殷的地盘又扩大不少，占领了如此大的地盘之后，马殷已经觉得很满足了，停止了对外扩张的步伐，在楚国境内休养生息，善待百姓。

不过树欲静而风不止，马殷已经打算停止对外战争，安安稳稳地过日子，却有人不想让他过安生日子。南汉的刘岩觉得马殷的日子过得太安逸，亲自率领大军进攻被马殷占领的容州（今广西容县）。镇守容州大将姚彦章见刘岩兵力太多觉得没有胜算，就弃城而逃了，不过他还算是有良心，逃走的时候还带上了城中的楚国百姓。占领了容州之后，刘岩见好就收，给马殷写了一封信，想要娶马殷的女儿来与马殷结盟。马殷此时也不想跟刘岩全面开战，于是就勉为其难地嫁了一个女儿给刘岩。与刘岩结盟之后，马殷这下算是真正地过了几年的安生日子，但身体却是一日不如一日了，便开始想从自己的儿子当中挑一个继承人出来。

在马殷的儿子之中，他最喜欢的就是二儿子马希声，于是便立为继承人，但其实马希声是一个蠢货，可以说马殷就是被这个儿子间接气死的。马殷身体不大好之后，就让马希声开始主持政务，马希声刚刚主政就干了一件足以毁掉楚国根基的事情，就是他听信了小人的谗言认为高郁心怀不轨，准备谋反。马希声知道高郁在楚国的地位，若是他想要谋反的话，是很有可能成功的，于是经常劝马殷除掉高郁。高郁追随马殷一生，一直忠心耿耿，两个人感情很深，马殷根本不相信高郁会谋反，大骂道："畜生！高郁是我们马家的诸葛亮，少打他的主意，我不同意！"但马希声却一意孤行，认定高郁一定会谋反，他假传马殷的命令，杀了高郁一家，还株连高郁的三族。

马殷听到这个消息之后，号啕痛哭，大骂道："高郁是我楚国第一谋臣，今天你敢杀了他，这就是陷我于不义，你这个不孝子，是不是明天还要把我也杀了！"马殷的身体本来就已经很不好，再被马希声这一气，竟然直接病倒了，没过几天就病死了。继位之后的马希声更加过分，整日纵情声色，有时还会强抢民女，楚国的百姓怨声载道。楚国百姓来说比较幸运的是，马希声仅仅当了一年的楚王就去世了。

大臣们拥立马殷的另一个儿子马希范继任楚王，马希范要比他的二哥强了不少，知道把军政大权掌握在自己的手里。可惜的是他虽然有些脑子，但是却荒淫无道，有一次看上了一个商人的老婆，他直接把这个商人杀了，把人家的老婆抢到宫中。当时的楚国兵精粮足，又收服了溪州（今湖永顺县一带）、奖州（今湖南新晃一带），风头正盛，于是就有大臣劝马希范开疆拓土，进而一统天下。但马希范根本

湖南岳阳楼

就不思进取，根本没有这么大的野心，只知道每天喝酒赌博玩女人，气得手下大臣丁思覲当面大骂马希范：“竖子！真是朽木不可雕也，我竟然侍奉这样的一个昏君，还不如死了算了！”这位丁思覲同志，脾气也很大，说完这句话就直接自杀了。然而即使是这样马希范也没有什么悔改之意，依旧吃喝玩乐。不过他的好日子也很快到头了，因为经常纵情声色，身子骨非常虚弱，最终在后晋开运三年（947 年）五月的一天去世。

长沙岳麓书院

因为马希范死的时候也没有立下继承人，他的几个兄弟为了争夺王位发生了内乱，马希萼杀了他的哥哥马希广后，为了镇压楚国境内的叛乱，向南唐的李璟称臣，请求李璟派兵支援，但马希萼还没能等到南唐的军队到来，就被手下大将徐威杀死。之后徐威拥立马希崇为楚王。此时南唐的大军由边镐率领进攻长沙城，马希崇是个窝囊废，选择了出城投降，被俘虏到了南唐的都城金陵。马殷辛辛苦苦一辈子打下来的南楚，正式宣告灭亡。

想想·说说

如果南楚没有发生内乱，还会不会被南唐灭亡呢？

最后被灭掉的国家

我们在讲郭威黄袍加身的时候提到过，在郭威建立后周的同时，刘崇也在太原称帝，建立了北汉。刘崇生于唐昭宗乾宁元年（894 年），和许多五代十国时候的开国皇帝一样，刘崇年少的时候也是一个无赖。后来因为赌钱欠了不少银子，直接跑路到了军中混口饭吃。不过刘崇的日子还算是过得不错，因为他有一个好哥哥，那就是后汉的建立者刘知远。有了刘知远做靠山，刘崇在军队一路平步青云，到了刘知远建立后汉的时候，刘崇更是被封为河东节度使。

可惜的是后汉仅仅存在了不到四年就灭亡了，刘崇知道郭威叛乱的消息之后大怒，起兵南下就要进攻郭威。之后郭威给刘崇写信说，打算立他的儿子刘赟为皇帝，刘崇收到这封信之后大喜，对左右近臣说，自己的儿子要是成了皇帝，那么自己岂不就是太上皇了。但刘崇根本没有意识到，这只是郭威的缓兵之计，等到郭威稳定住了局势之后，立马就杀了刘赟，刘崇被郭威狠狠地耍了一通。

契丹武士复原图

就这样刘崇和郭威彻底撕破了脸皮，刘赟被杀的这一天，刘崇在太原称帝，国号大汉。刘崇称帝之后，每一刻都在想着进攻郭威为自己的儿子报仇。不过刘崇知道自己的实力不行，于是就和石敬瑭一样，

北汉后周交战图

开始寻求契丹人的帮助，不过刘崇并没有像石敬瑭一样给自己认了一个父亲，而是认了一个叔叔。契丹人提出的条件非常苛刻，北汉必须每年送给契丹十万贯钱。虽然刘崇手中根本就没有多少钱，但还是咬咬牙答应了。他知道要是不能得到契丹人的支持的话，自己根本就不可能在河东地区立足。

北汉乾祐四年（951 年）十月，辽国派彰国军节度使萧禹厥率领五万契丹军和刘崇会合，进攻晋州（今山西临汾）。但是打了两个月仍然没有攻下晋州，老天爷也不站在刘崇这边，突然天降大雪，而且还一直下了十多天，北汉军队中的士兵冻死冻伤很多人。萧禹厥率领的契丹军也冻伤不少，于是只能是暂时撤回去。吃了这一场大败仗之后，刘崇总算领教到郭威的厉害了，知道自己在郭威身上占不了什么便宜，心中盼着郭威早死。

刘崇运气还真的是不错，郭威果然死在了他的前面，北汉乾祐七年（954 年）正月，好消息传到太原：郭威病死，他的养子柴荣继位。刘崇接到这个消息之后，觉得是一个好时机，亲率三万大军南下进攻后周。可惜的是，柴荣是比郭威还要可怕的一个人物，收到了刘崇南下的消息之后，亲率大军北上，将刘崇打了个大败，差点活捉了刘崇，刘崇狼狈地逃回了太原。

柴荣继续北上杀到太原城下，把太原城围了很多天，最后因为忌惮契丹军的支援，以及粮草供给不上，柴荣才下令撤退。

这回刘崇知道柴荣更不是好惹的，自己有生之年怕是不能够收复失地了，果然没过多久，刘崇就在太原去世。刘崇去世之后，他的儿子刘承均继位。刘承均并没有他父亲那样的野心，与柴荣也没有那么多的仇怨，只想安安稳稳守住河东之地就行了。不过后来他又改变了自己的想法，打算会一会柴荣，看看柴荣到底有多厉害。于是在北汉天会三年（959 年）五月，柴荣北伐契丹因病撤回的时候，刘承均派兵去拦截柴荣，可惜却被断后的李重进揍了个鼻青脸肿，刘承均再不敢起别的心思。

不过一个月之后，刘承均收到了一个好消息，柴荣病死，留下他还未成年的儿子柴宗训继位。刘承均准备发兵南下，不过紧接着就传来了赵匡胤发动陈桥兵变建立大宋的消息，刘承均知道赵匡胤同样不好惹，因此又收起了自己的小心思。这回刘承均是彻底老实了，不再动发兵南下的念头，只能眼睁睁地看着赵匡胤一步步地完成自己的统一大业。不过北汉到底也不是亡在刘承均手上的，因为赵匡胤还没有来得及收拾北汉，刘承均就病死了。

宋太祖陈桥兵变图

刘承均死了之后，他的外甥刘继恩即位成为北汉的皇帝。刘继恩是一个很有本事的人，可惜的是还没当上几年的皇帝，就被手下杀死了，之后他的兄弟刘继元继承了皇位。刘继元虽然不是一个昏君，但此时的天下大势已经非常明朗，赵匡胤的大宋明显有着一统天下的实力。

北汉广运六年（979 年）正月，宋太宗赵光义发动大规模的北伐

北宋东京城模型

战争，以宣徽南院使潘美为帅，总率三军，崔彦进、李汉琼、曹翰、刘遇四将各为一路，分别进攻太原四周，再派云州观察使郭进驻守石岭关（今山西忻州南），防御南下的契丹援军，另派阁门使田仁朗、供奉官刘绪作为后勤总接应。刘继元不甘心坐以待毙，派出大军抵抗，但根本无力回天。潘美所率领的大军，势如泰山压卵，很快就将太原城周边的各州县占领，然后包围了太原城。刘继元这回是死了心，率领着北汉的文臣武将出城投降，北汉至此灭亡。

北汉是宋朝灭掉的最后一个国家，五代十国的历史到此结束，大宋基本上完成了统一大业，开启了文化灿烂的大宋盛世，历史翻过了崭新的一页。

想想·说说

北汉为什么是最后一个被宋朝灭掉的国家呢?

宋朝统一的进程

960 年，赵匡胤建立大宋

963 年 2 月，高继冲献上降表，南平灭亡

963 年 3 月，平定湖南

965 年，孟昶出城投降，后蜀灭亡

971 年，刘𬬮投降，南汉灭亡

976 年，李煜投降，南唐灭亡

978 年，吴越国主钱俶献土并入大宋

979 年，刘继元投降，北汉灭亡

图书在版编目（CIP）数据

写给孩子看的中国史．五代十国：混乱的中华大地 / 吕长青主编；江乐兴编写．—北京：北京工业大学出版社，2017.9

ISBN 978-7-5639-5566-4

Ⅰ．①写… Ⅱ．①吕… ②江… Ⅲ．①中国历史－五代十国时期－少儿读物 Ⅳ．① K209

中国版本图书馆 CIP 数据核字（2017）第 166493 号

写给孩子看的中国史·五代十国——混乱的中华大地

主　　编：吕长青
编　　写：江乐兴
责任编辑：曹　媛
封面设计：李春华
出版发行：北京工业大学出版社
（北京市朝阳区平乐园 100 号　邮编：100124）
010-67391722（传真）　bgdcbs@sina.com
出 版 人：郝　勇
经销单位：全国各地新华书店
承印单位：三河市兴国印务有限公司
开　　本：600 毫米 ×1000 毫米　1/12
印　　张：14
字　　数：162 千字
版　　次：2017 年 9 月第 1 版
印　　次：2017 年 9 月第 1 次印刷
标准书号：ISBN 978-7-5639-5566-4
定　　价：30.00 元